男子の質問

もくじ

女子の質問

有名人の質問

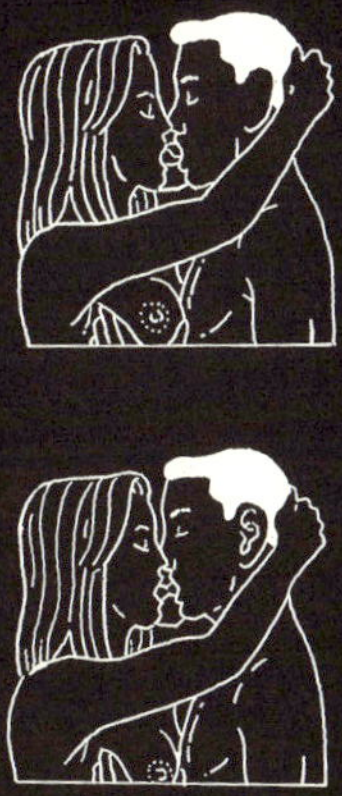

男子の質問

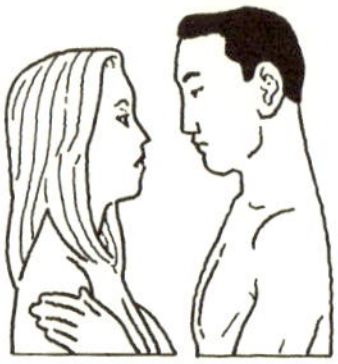

授業中の勃起をうまく誤魔化す方法

Question

授業中にアソコが勃ってしまい、立てません。特にHなことを考えてるわけでもないのに、ボーッとしてたりウツラウツラしてたらいつの間にか起立してしまうんです。早く元に戻す方法があれば教えてください。また、うまい誤魔化し方があればぜひお聞きしたいです。

草津市・バンダナが似合うオレ・18歳

Answer

授業中とか電車の中とかでウツラウツラした時とかよく勃ちますよね。私も学生時代におぼえがあります。人に聞いた話ですが、これは人間がまだサルだった頃の本能が残っていてユメウツツ状態の時に出てくるとか。つまりウツラウツラしてる時とゆうのは、周囲に十分注意を配ることができないですよね。天敵とかが抜き足差し足で近づいて来たら簡単に殺されちゃう。そこで生存本能とゆうか種を絶やさないようにしようとゆう本能が、殺される前にHをして子孫を残そうとゆうので、相手もいないのに虚しくも健気に勃たせてしまうんだそうです。なるほど、動物の本能ってなんか泣かせますね。

でも泣いてる場合ではないんですよね。早く元に戻す方法ですわな。うまい誤魔化し方ね。う〜ん、例えば電車内だったら席を立つ時に膝に置いた鞄をそのまま腰の前に抱えるとゆうのを私も若い頃よくやりましたが、教室内で下校時間でもないのにそんなことしてたら「何してんねん、あ、おまえ勃ってるなあ」とか言われてかえって餌食《えじき》になっちゃう。何か他に難しいこととか悲しいことを考えて気をそらそうとしても、若いエネルギーとゆうのはそんなに生易しいもんじゃない。何のためにそんなこと考えようとしてるのかとゆうところに意識が戻ってますます硬くなったりします。これは考えようとするテーマに無理があるから素朴なエネルギーに負けてしまうのかもしれません。もっと簡単に集中できる楽しいもの、しかも考えるだけでなくアクションを必要とする形が良いでしょう。例えばゲームボーイなんかすれば楽に意識を勃起から外せるんではないでしょうか。

ただそれも先生に見つかって没収される可能性は否めません。他に何か地味で先生に没収されることもなくて、なおかつゲームボーイぐらい熱中できる遊びがあれば良いのですが残念ながら私には分かりません。どうにもならんとゆうのであれば、もう**いっそ抜いちゃう**とゆうのはどうか。そんなんで抜くのはもったいない？　ほぼ毎日パンツ汚してられない？　分かりました。元に戻すのが無理ならせめて勃っても目立たない方法をイラストで。

陰茎が下向いてるから勃った時に前へ立ち上ろうとして目立つわけで
常に上を向けておけば勃っても腹にぴったりくっついて目立たない。
だから下のようなペニスケースをつくって陰茎が常に上に向って立つ
ようにしておこう。

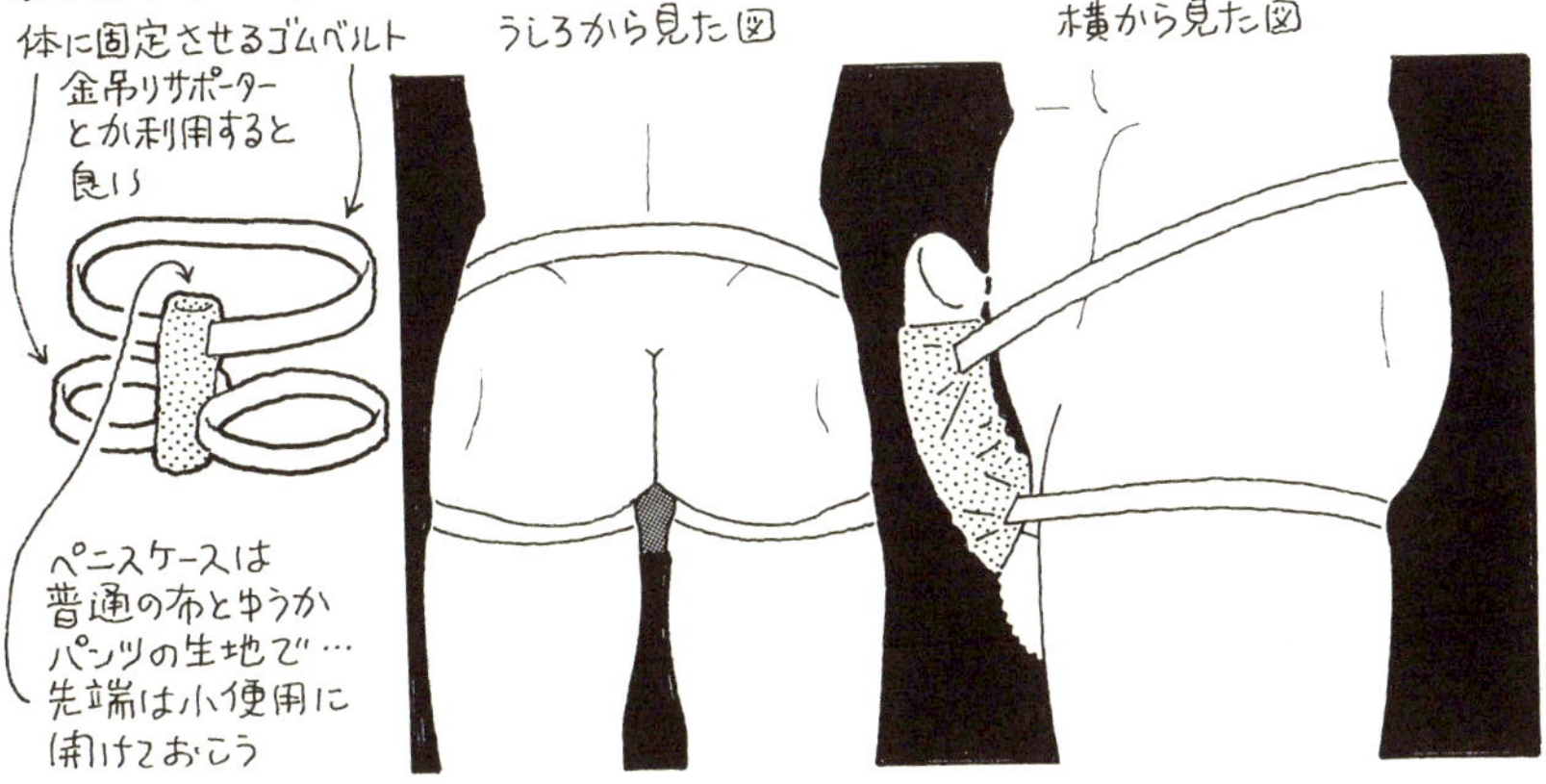

胸の谷間とシャツのシワ、どっちがエッチ？

Question

同僚と女のコの胸の露出について論争しました。そいつは、胸元がガバッと開いた服を着ていて、そこから見える谷間にムラッとくるらしいのですが、僕としては首まできっちりシャツのボタンを留めてて、そのシャツの胸部分にできたシワの方にムラッときます。どっちがエッチか。ひさうち先生はどう思われますか。

豊中市・ぷっちんプリン・26歳

Answer

家の中で乗馬の運動ができる機械ありますよね。あれのテレビCMで、乗っている人間の体の動きをイラストで見せているものがありました。イラストとゆうのは人間の体が描いてあるのではなくて、人間の体に方眼紙のような格子の線を引いて体の起伏を表すやつあるでしょ、その格子の線だけを見せてそれが乗馬の機械の上で動くとゆうやつ。あれがなかなかエッチだったですね。下腹部や尻や太腿の動きが実物のビジュアルよりきっちり見えてバーチャルがリアルを凌《しの》いだといっても過言ではなかった。

「首まできっちりシャツのボタンを留めてて、そのシャツの胸部分にできたシワ」とゆうのはこれのプリミティーフな形と考えることができます。つまりバーチャルなんですね。リアルではない。バーチャルをリアルにおこす時点でエッチ度が高まるわけです。

一方、胸元がガバッと開いてるのはすでにリアルを見ているわけです。だから乳房の全体像を想像するところへは行かず、視線も想像力も胸の谷間の奥に釘付けになっています。刮目《かつもく》するばかりで全体像も乳首も想像しない行為のどこにエッチ度の高まる要素があるかといえばですよ、マーこじつけの誹《そし》りを恐れず言わせてもらうなら、通常あまり見えない部分、つまり隠されているところをリアルで見るとゆう覗き、つまり他人のプライバシーに踏み込んでいる幻想を味わっているわけです。それがエッチ度を高める。

両者の違いを極論するなら、シャツの上から楽しむのは**バーチャルをリアルにおこしてビジュアルを想像する行為**であり、谷間にムラッとくるのは**リアルのビジュアルからプライバシーに踏み込む幻想を楽しむ行為**と言えるでしょう。

さて、どちらがエッチかといいますとこれはエッチ度の高め方の違いなので甲乙はつけにくいですね。「好みの違い」とゆうことで御容赦ください。昔エロ劇画を描いてた頃はブラウスの胸のシワやスカートの尻のシワ等けっこう描いていましたが、これもエッチ度高まるディテールではありましたね。

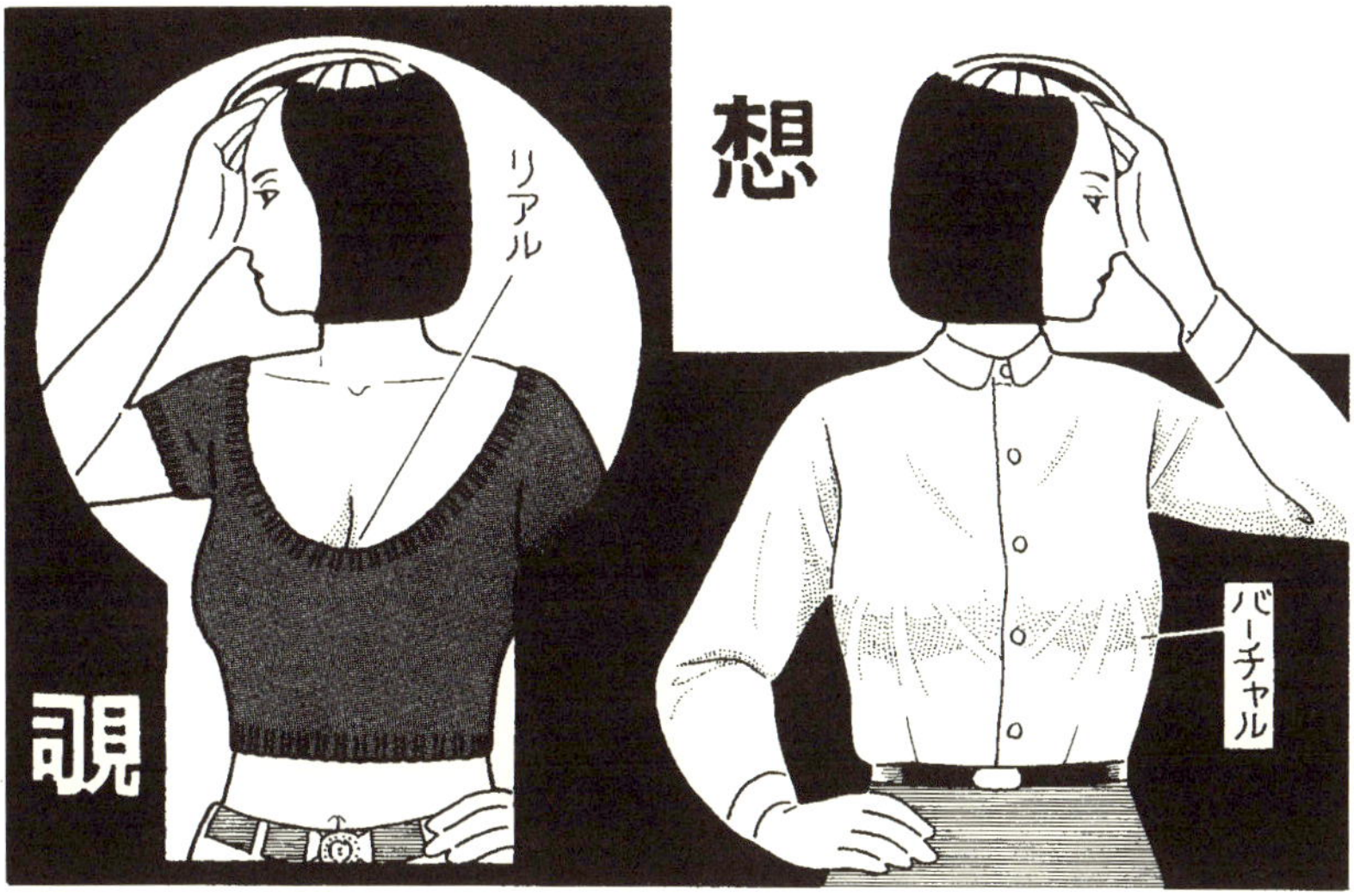

想
リアル
覗
バーチャル

居酒屋や食堂のバイト女子が可愛く見えるのはなぜ？

Question

ベタな居酒屋や食堂のバイトの女子はなぜ可愛いのでしょうか？　同じ女子でもカフェとかオシャレ系では何も思いません。商店街の喫茶店でもちょっと可愛い子を見るともう90％の確率で好きになっています。あるいは赤提灯の居酒屋で働いている女子はそれだけで性格がいい気がしてしまいます。困ったものです。

尼崎市・でもグラビアアイドル好き・28歳

Answer

ありますねえ、それ。同感です。確かに居酒屋、食堂系は「ちょっと可愛いちゃうん」とか「ちょっとHっぽいんちゃうん」とか思ってしまいます。逆にオシャレ系はよっぽどきれいではない限り「ふうん、まあね」とか思いがちです。その理由として単純ではありますが、居酒屋、食堂系には「鄙（ヒナ）には稀な…」とゆう感覚が働くのでしょう。ヒナとは田舎のことです。これは居酒屋、食堂系や田舎の女子には失礼なんですが、「こんな所だから美人はいないだろう」とゆうその場に来た**男の先入観が、そこで見る女性の美しさ、可愛さ、Hぽさの基準を少し下げてしまう**わけです。だから採点が甘くなって良く見える。

採点が甘くなるのはオシャレな店ではないとゆう状況的事実からだけではありません。居酒屋、食堂系の女子たちの労働量の多さも理由の一つです。なかにはヒマな店もあるでしょうが、だいたい居酒屋、食堂系の女子は忙しく立ち働いています。密度の高い労働をしているのです。これは一つの価値を持っていると言えます。逆にオシャレ系は何か優雅にふるまって一所懸命働いてないように見える。実質的な労働としては密度が薄い気がするわけです。

居酒屋、食堂系はすでに一つの価値を持っていて、その上に少しでも可愛ければ、それは**思いがけないオマケが付いてたようなお得感**があるのです。あるいは一つの価値の上に可愛いとかH的価値が乗るので全体として高く見える。対してオシャレ系は労働の価値が薄く、スタートの地点から即きれいか否かの勝負になりますから、当然全体的高さとしては低く見えるわけです。

商店街の喫茶店はそんなに忙しくないぞとゆう御意見もあるでしょうが、彼女たちの労働量を給金で割ると居酒屋、食堂系同様労働の密度は高くなるでしょう。赤提灯で働いてる女子は自分を飾らず怠けず酔っぱらいのオヤジにも愛想良く応える。ものすごく密度の濃ゆい労働であります。

居酒屋系は労働が前面に立つので禁欲的に見える。つまりHに関しては尼僧相手のようなタブーを犯す的刺激がありそう。対してオシャレ系はオシャレ=男を誘う=Hをエサに…とゆう具合に先にもうHが見えてる幻想を持つので刺激が薄い。

禁欲的幻想による刺激

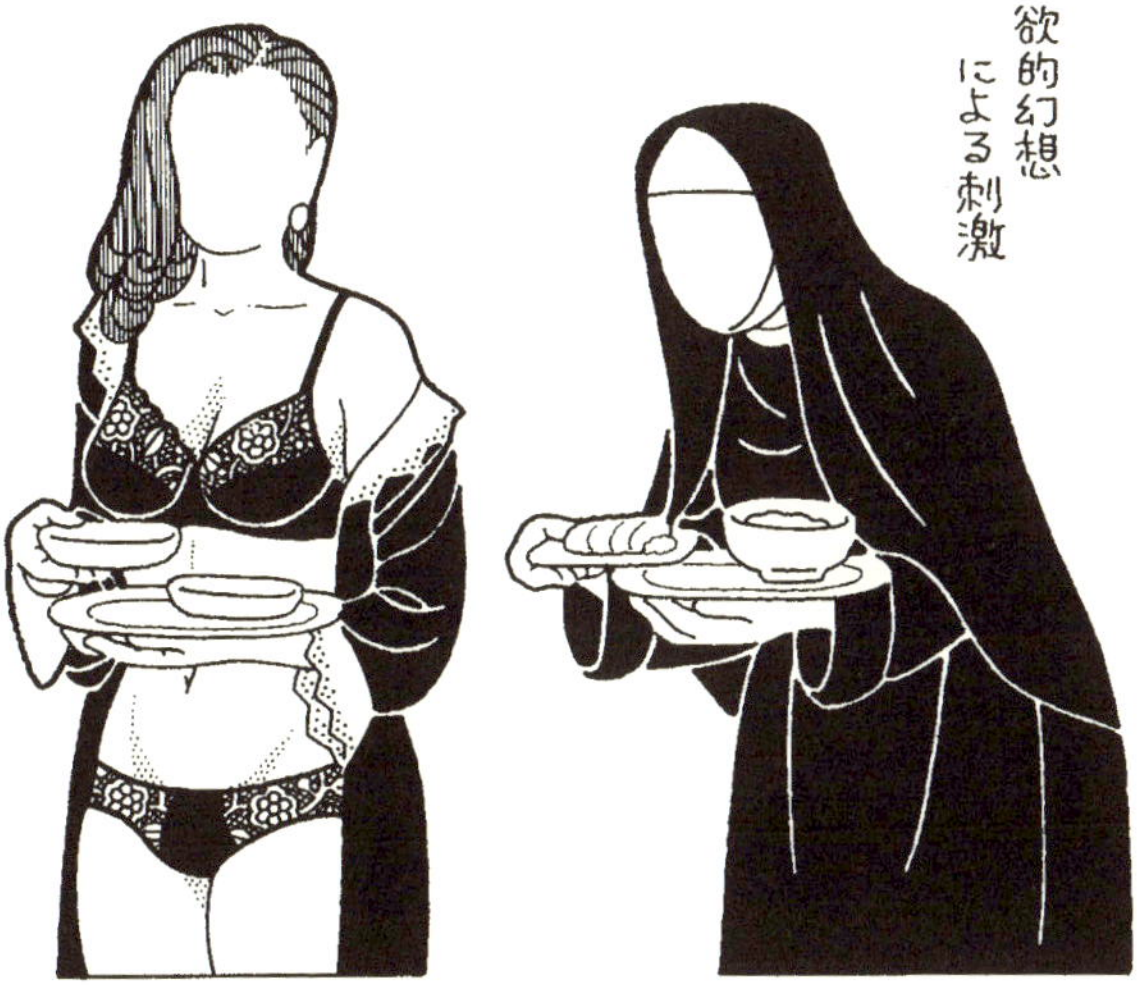

恣意的に理屈をたどると先にこおゆう幻想が

美容室で女性スタッフにシャンプーされると興奮

Question

美容室でシャンプーの数分間が妙にエッチっぽく感じてなりません。女性スタッフにガシガシこすられている時の胸の揺れにおちおち寝てもいられず、特に後頭部を洗う時に頭を抱えられると、首に腕がかかるわ、胸が顔に当たりそうになるわ、とてもヨイのです。

大阪市・ヒットマン・26歳

Answer

こおゆう小さな幸せはヒットマンさんに限らず美容室で女性スタッフにシャンプーしてもらってる男のほとんどが享受しているのではないかと思われます。ただ小さな幸せもそれを有り難いと思う心がなければ無駄になってしまう場合が多い。原文でヒットマンさんは「シャンプー中の興奮をさらに高めるような手段や受け答えがあれば教えてください」と仰ってます。これは大変正しい姿勢です。ただ私も享受している男の一人でありながらそれほどユニークなアイデアを持ってるわけではありません。当たり前の意見ですみませんが、**有り難いと思えばしっかり残さずいただく。**つまり女性スタッフを感じる部分、頭皮、首、顔等に神経を集中させましょう。またシャンプーの前に女性スタッフの顔や体をしっかり記憶に焼き付けます。自分が感じているのはどおゆう女性か具体性を持たせるわけです。快感もリアリティがなければ半減します。

定番の台詞「かゆいところありますか?」に対してはせっかくですからお願いしましょう。頭皮はしっかりこすってもらってるので、もう少し感じやすいところで耳あたりをかいてもらうとお得ですよね。ただ毎回お願いしてると女性スタッフに「こいつ…」と思われてしまいます。有り難みを持っていただくためにも3の1ぐらいの頻度でお願いするのが良いでしょう。

最後に少しだけ技っぽい工夫を一つ。クライマックスの頭を抱えられて後頭部を洗ってもらう時の対応です。抱えてくれてる女性の腕に体重をダラーッと預けっぱなしにするのではなく、首に少しだけ力を入れて半分は自力で頭を浮かせるようにする。頭を支える力は女性が半分、自分が半分出し合う。これは女性に対する気遣いを見せることで先ず好感を持ってもらえる。次に首に少し力を入れることで**緊張感を持たせ表皮をより感じやすくさせる**ことができます。また力いっぱい首を腕に押しつけるより**加減して触れる方が肌の質感は得やすい**。3つめは少し技になりますが、半々の力で頭を支え合ってるところで少しだけ力を抜いて体重を女性に預ける。すると女性はその分、腕に力を入れます。続きはイラストで説明。

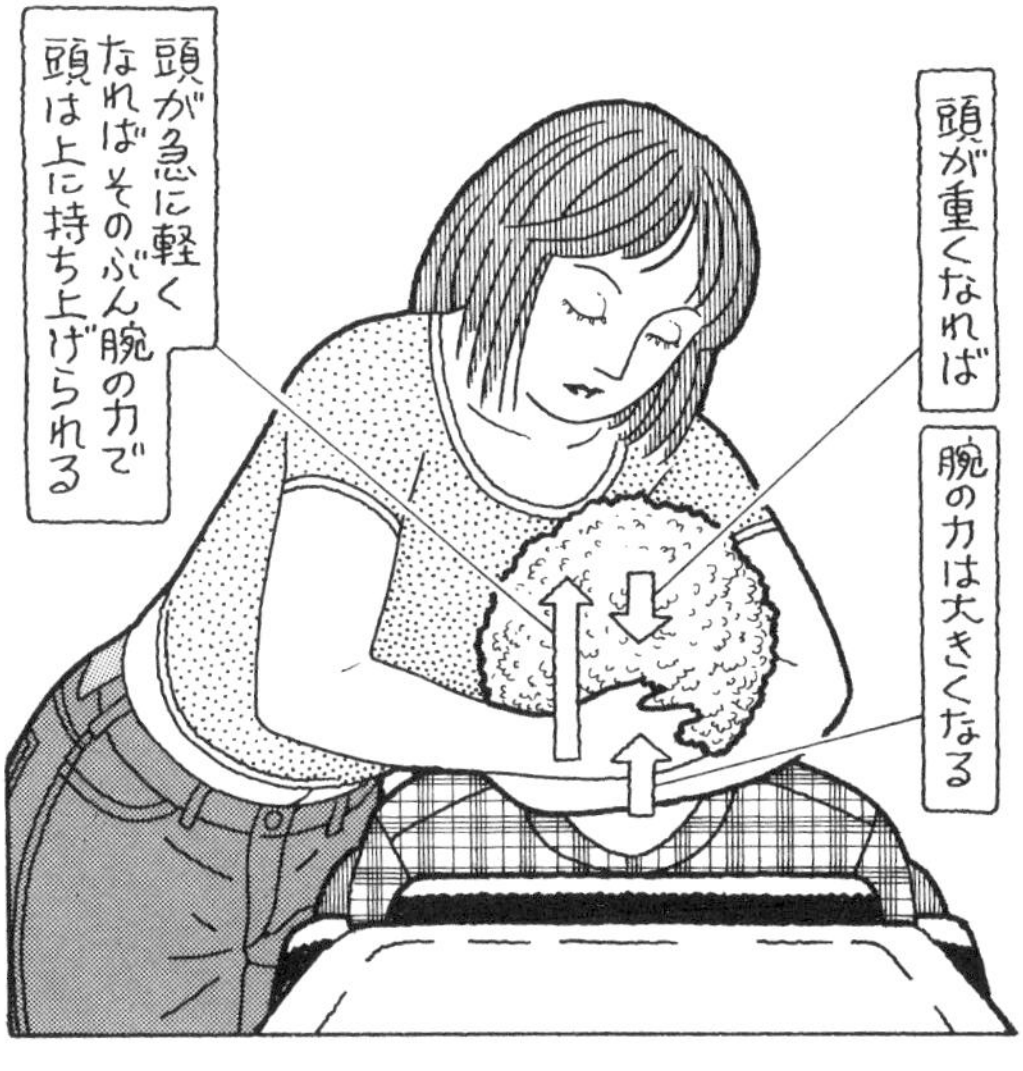

本文からの続きです

女性があなたの頭をかかえる腕に力を入れたところで今度はあなたが首に力を入れて頭を浮かそうとする。急にあなたの頭が軽くなるわけだから女性の腕の力が余って頭は上に上がる。つまり女性はあなたの頭をより深くかかえ込むことになる。これを三度も繰り返せば女性はあなたの頭をほとんど抱きしめてる形に……。

レギンス姿がいやらしく見えてたまらない

Question

女子が穿いている「レギンス」がいやらしく見えてたまりません。ストッキングやタイツよりいやらしさでは勝っていると思います。が、理由がいまいち分かりません。考えるに途中で切れてるところにカギがあるように思います。ちなみに柄とか色のあるものはそう感じないし、裾レースはビンボ臭いから要らないと思います。

尼崎市・おみあし・26歳

Answer

編集部からの報告によりますと部内でもこの件で意見交換されたそうで、意見その①は「脚のパート見え（足首付近だけナマ脚が見えている状態）はより肉体の質感を強調させる」とゆうもの。理由のすべてではないでしょうがコレ正しいです。

隠してる部分があるからこそ露出してる部分が強調される。対比の効能ですな。あえて一部修正させてもらうなら「質感が強調される」とゆうより「有難みが強調される」わけです。だからこそ質感までも捕らえようとする乱目が働くわけでしょう。

理由その②。少数意見だったそうですが「丈の短いワンピースやスカートと組み合わせているけれど、おそらく女子的には、タイツやストッキング、はたまたナマ脚よりレギンスであればいやらしくないんだろうと思っている、その〝いやらしさを自覚してないところ〟に萌える」とゆうもの。これも一部ですが正しいでしょう。

「いやらしさを自覚してないところ」とゆうのは即ち「油断」です。スキがある。スキがあると男は覗きます。公衆の面前で普通の男を覗き魔にさせてしまうわけで、だからいやらしい。正解です。

はい？　ひとの意見を肯定するばかりでオメーはなんの意見もないのかよ？と。分かりました。では編集部の正しい御意見に補足する形で私も言わせてもらいましょう。

これも理由のほんの一部ではありますが、レギンスであろうがルーズソックスであろうが**「流行ってるものはなんでもいやらしい」**とゆうことです。これは昔から私が唱えております制服論なのですが、つまり流行っているものはみんなが着るのでほぼ制服状態になるとゆうわけです。

じゃあ制服が何故いやらしいか。個性がないからです。個人情報がまったくなくなってそこに見えているのは男か女かの違いだけです。**性の違いが強調される。**だから男も女も制服が好きなのです。

ただルーズソックスは脚の線を完璧に隠して最初は全然Hじゃなかった。それでも制服化することで女子高生＝ルーズソックスとしていやらしさを時間をかけて獲得していきました。その点レギンスは勝負早かったですね。

ストッキングよりパンツ(ズボン)の感覚かもしれなくてそのあたりに油断があるような幻想を抱かせるのではないか。
覗
対比
流行ってるということはみんなが着けてるということ。つまり制服のようなもの。制服はHであるというのは私の制服論です。
ひとつの同じ脚線の中に隠してる部分と露出してる部分がある

グラビアや写真集の女子にあざとさを感じて萎える

Question

ＡＶよりもグラビアや写真集の方がヌケます。「カワイイのにこんなポーズを…」と思うと興奮。でも一方で「こういうのが好きなんでしょ?」って、女の子やカメラマンのあざとさにまんまと乗ってる気もして、途端に萎える。ボクとしては没頭したいのですが…。

長岡京市・もっつぁん・23歳

A
nswer

20年くらい前、レンタル屋でAVを借りて見てたら突然友人が男優で出てきたとゆうことがありました。漫画家でAV監督でもある平口さんです。その時は漫画家とゆう認識しかなかったので驚きましたが、それよりHな気分が雲散霧消《うんさんむしょう》して全然抜く気になれないのがショックでした。レンタル屋で時間かけて選んで、趣向、女優、ハードさすべてクリアしたベストを借りてきたのに、友人が登場しただけで水の泡となりました。

ところで友人が出てると萎えるとゆうのはHな気分の中で男友達の裸を見る具合の悪さや、その友人に下半身をほり出してる自分を見られてるような錯覚を感じるからだろうと私は思っていました。それが14～15年前に久しぶりに平口さんと会った時のことです。平口さんはハメ撮りで一本作る予定で女優と二人で京都に来てたのですが、下半身の調子が悪くて尺が足りない。ひさうちさんちょっとやってみない？ とゆうことになりました。それでちょっとやってしまった。できちゃったわけです、萎えずに。ビデオに平口さんが出てきた時はオナニーすらできなかったのに、その時はライブで裸の平口さんを見てこちらも裸を見られそれでしっかりセックスできちゃうとはどおゆうことか？

実は友人そのものより友人が背負ってるものが問題なのではないかと思うようになりました。友人が背負ってるものとは表の社会、公衆の面前、服を着てる世界です。男友達とはHしないし相手に関してHな想像もしません。一方AV見るのは裏の世界、私的空間、裸で恥ずかしいことをする世界。そおゆう極私的で恥ずかしい空間に着衣の社会を背負った友人が割り込んでくるとゆうのは、**下半身ほり出した姿で公衆の面前に立たされたような気分**になるのではないでしょうか。

男優としてHした時は**ラブホとゆう私的空間やセックスとゆう最小単位の社会が裸と着衣の二つの世界のギャップを小さくしてくれた**のではないかと思うのです。あなたが萎えるのもカメラマンの作為に乗る口惜しさより、カメラマンが仕事をしている「社会」とゆうものを感じてしまうからではないでしょうか。

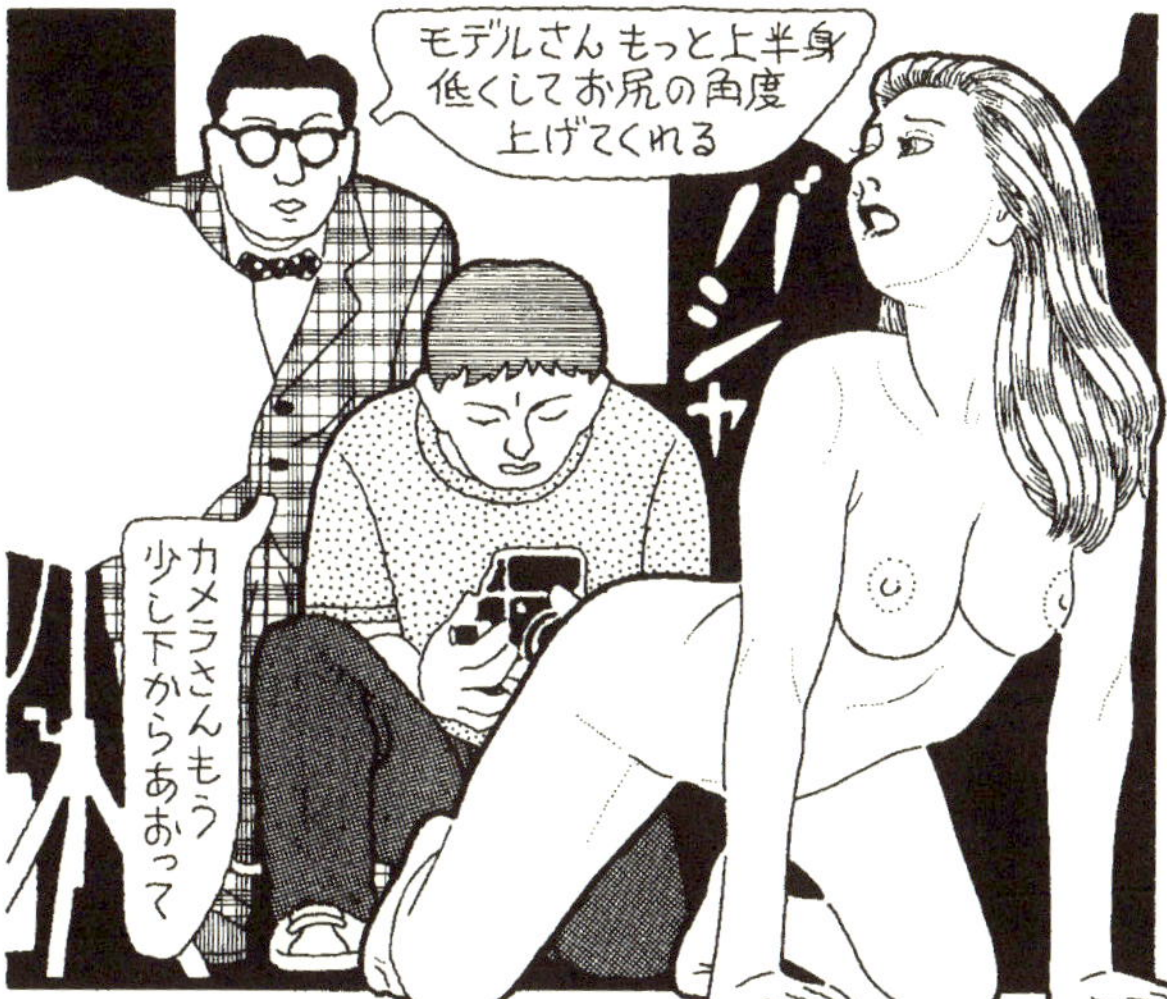

編集部からの説明では「もっつぁん」さんは大学院で経済を研究しておられるとか。モデル、カメラマン出版社と自分との間に需要供給の経済原則つまりすごく公的で表の社会を感じてしまいそう。それを再度極私的空間に戻すには自分がモデルとカメラマンを雇って私的に写真を撮らせてると思い込むことで解決できるのではないでしょうか。

「お持ち帰り」に成功しても移動途中にシラ〜ッ

Question

合コンではなぜか3番手、4番手にいってしまいます。で、「お持ち帰り」に成功するんですが、その場では盛り上がっていたはずが、一緒にタクシーでボクの家に向かっている途中にシラけてしまい、部屋に入った時にはもうどーでもよくなるんスよね…。

神戸市・28歳・調子いい隊

A nswer

恥ずかしながら私は合コンとゆうものに参加したことがないのですが、でも調子いい隊さんのお悩みは分かります。こおゆうことは合コンに限りません。例えばデート4、5回めくらいでセックスは1、2回してる関係で酒なんか飲んでるとします。一応「つきあってる」状況ですが会えば当然の如くセックスするとゆう仲には致ってない。だから酒飲みながらもセックスしたいと強く望んでます。それで我慢しきれずラブホに誘ったら承諾してくれた。ヤッタてなもんですわな。酒がうまい。店を出てラブホ目指して街を歩いてる時もルンルンです。ところが部屋に入った途端にスーッと潮が引くように興奮が冷めていくのであります。ラブホの部屋に入る前と入った後で何故こうも変わるのでしょうか。何が違うのでしょうか。

それは所有感とでも申しましょうか、自分のものとゆう幻想の有無ではないかと私は思います。ラブホに入る前はたとえ1、2回セックスはしてると言えども「今日はちょっと…」と言われると大人しく引き下がらなければならないそおゆう関係を意識させる場にいるわけです。公衆の面前つまり社会に存在しているのです。現在の市民社会では交際してる仲でも男が女を所有するとゆうのは許されません。許されないからこそ強く望んでしまうのでしょう。ラブホに向けて街を歩いている時でもそこは社会です。ところがラブホの部屋の中は社会ではありません。セックスOKだからこそラブホにいる。そこで所有したとゆう幻想が働いてしまいます。すでに所有してしまったものを強く望まないのは当然です。

調子いい隊さんが3番手4番手にいってしまうのも1番2番を狙って素手で帰るより、可能性の高い方をと望むからでしょう。自分の所有になってないのは1番手も4番手も同じです。ところがタクシーとゆう個室に入った頃から所有した感が高くなる。サルトルではないですが人間にとって大切なのは、何を所有するかではなく何を欲するかです。**欲している時にこそ人間の充実があるのです。**

では合コンでゲットした相手とホテルないし自宅に着くまでテンション落とさない為にはどうするか？簡単な答ですみませんが、タクシーではなく電車で帰る。そこは社会であり所有感を持ちにくい場だから。彼女を女性専用車両に乗せるのも良いですね。

女子もオナニーするのかと考えるたびに悶々

Question

日頃から疑問に思い、悶々としていることがあります。それは女子はオナニーをするのかということです。かわいい女子と街ですれ違うたび「あんな顔してあの子もやってるんだろうか」とつい思ってしまいます。このままでは女子と話していてもそのことが頭から離れず、「ヘンな目つきの人！」なんて思われそうで心配です。

大阪市・ハジカミ王子・29歳

Answer

私も昔は女子はオナニーするのか疑問に思ったことがありました。十代の頃は今ほど性的情報が氾濫してなく、また女子の性自体が解放されていなかったので、疑問とゆうより女子はオナニーなどしないと思っていました。試験管をアソコに入れてケガをした話とかも聞いたりはしましたがよっぽど淫乱な女子か作り話くらいに思っていたほどです。現在は女子がオナニーすると聞いてもそんなに不思議ではない時代ですから、ハジカミさんの質問は「女子は男子と同じように当たり前にオナニーするのか」とゆうことでしょうか。

そのことが頭から離れず…といえば、私は二十歳前後の頃に街で妊婦さんを見かけると「セックスしたんだなあ」と思っていました。特にきれいで清純そうな若妻の腹が膨らんでいたりすると「この人がカエルみたいに股を開いてやったんだ」と想像したものです。幸いとゆうか残念ながらとゆうか、当時私は妊婦と向かいあって喋るとゆう経験がなかったのですが、もしそおゆう状況にあればやはり眼が泳いでしまい困ったでしょう。

そう考えるとハジカミ王子さんの心配も全然分からぬでもありません。例えば私がここで、女子の性欲は学習型であくまで相手を必要とするものだから男ほどオナニーする娘はいないでしょう、なんて言ってもそんなものは役にも立たないでしょう。事実がどうあれ、あなたはもう女子の顔を見るとその子のオナニーを想像してしまう蟻地獄《ありじごく》にはまり込んでしまったのです。考えまいと思えば思うほど考えてしまう。蟻地獄から抜け出すには元を断つしかありません。

では元とは何か。性欲です。無論永久に断つのではない。その時だけです。最初の1分くらい当面の女子の顔をじっと集中して見る。胸や脚を見るから「ヘンな目つき」になる。顔だけを見てれば「相手の目を見て喋る人」なんて好印象持たれるかも。その子の顔をよく脳裏に焼きつけたら**トイレに行ってその女子がオナニーしてる絵をイメージして一本抜きます**。その後はスッキリお話できるでしょう。

その女子の顔だけでオナニーシーンをイメージして抜くとゆうのが少しきつ〜いようであればイメージの助けとなるブツを用意しておいて左のように

田舎からキューリいっぱい送ってきてね
食べきれないからコレおすそわけ
ホント？じゃあ……マ〜遠慮なく……

と言ってキューリを渡し、そのキューリを使って女子がオナニーしてる図をイメージする。

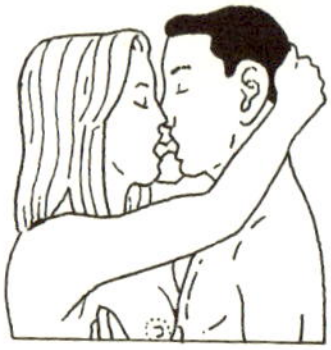

結婚6年目の妻とフリフリ下着の謎

Question

結婚6年目の妻（35歳）がフリルやリボンが付いた下着や服を選ぶようになりました。Hも淡泊だし特にせがまれることはないのですが、隣のベッドでヒラヒラの寝巻きで寝てられると、化粧ナシだしミスマッチ。どうしてそんなヒラヒラを選ぶのでしょうか。

京都市・会社員・35歳

A
nswer

駅や歩道橋の階段を上る時にミニスカートだからとゆうので鞄をお尻にあてる女子を見つけては、「見られるのがイヤならミニスカートなんか穿かなきゃいいんだ。男に見られたくて穿いてんじゃねえのか」などと鬼の首でも取った気のオヤジが以前よくいましたよね。今でもいるかもしれませんが、今はむしろ鞄をお尻にあてる女子の方が少なくなったようです。それでそおゆうことを言われた女子は「別に男に見せるために穿いてるんじゃない」と反撥《はんぱつ》いたしまして、言われたオヤジが「じゃあ何のために穿いてんだ」と聞くと「可愛いから」と女子が返す。これがオヤジにはよく分かりませんでした。オヤジにすれば「太腿を露出する」とか「パンツ見えるかも」とゆう現実が大き過ぎてミニスカートのそれ以外の要素がまったく分からなかったのです。いやオヤジでなくても男はほとんどそうだったでしょう。

でも女性同士の社会では男の前で態度が変わる女は嫌われます。ミニスカートが男の目を惹くだけの道具であれば今ほど定着はしてなかったでしょう。結局は男に見せるためだけじゃなくて自分で楽しむため。**第三者にそれなりの評**

価をいただくためではなく、自分がそれを身につけているとゆうだけで一つの快楽は生まれるのです。ミスマッチでも全然似合ってなくてもそんなことは関係ないのです。

他人ではなく自分のためにファッションを楽しむとゆうことのもっと分かり易い例を考えてみましょう。女装趣味の男は誰のために変身しているのでしょうか。何のために変身するのか。女になった自分を男に見せて男同士でセックスでもしようとゆうのでしょうか。女装趣味の男は同性愛者とは違います。結局自分のためです。他人の評価や批判は要らない。うちの嫁はんと変態を一緒にすな！ と怒られるかもしれません。でもそれを身につけたいとゆう欲求の前で、ウインドーにくっついて「あの服カワイイ」と言ってる女子高生とガーターベルトの刺繍の柄を選んでる女装癖男の間に何の開きがあるでしょうか。女装は変身願望が中核を占めていますが、奥さんはフリルとかリボンとゆうのが小さな変身願望かもしれませんね。

以前テレビで女の幽霊の役をやらされた時、メイクさんがけっこうきれいにつくってくれて女装趣味に似た気分を味った。でも鏡じゃなくてモニターで見るとチョー客観的に映ってゲッソリした覚えがある。鏡で見る自分の顔は見慣れていて客観性を失っていることが多い。だから女装趣味に必要なものはビデオではなく鏡である。

話が大きく逸れてすみません

結婚が決まったとたん風俗通いが激化した同僚

Question

たまに一緒に風俗遊びをする同僚がいますが、そいつの結婚が決まったとたん、行く回数がはなはだしく増えました。僕にも一緒に行くことを強要するので、しぶしぶ3回に1回くらいは付き合ってます。しかしなぜ？　男のマリッジブルーなんすかね。

大阪市・ヘルスメイト・33歳

A
nswer

そうですか、こおゆうのが男のマリッジブルーですか。確かに結婚すると風俗遊びができなくなる（石鹸の匂いさせて帰るとばれますからね）ので今のうちにとゆう理屈は分かります。ただ私の場合、結婚前にはあまりそおゆう心配をしませんでした。恋愛感情とゆうスパイス付きのHをこの先ずっと確保できる、しかもタダで。マー風俗行けなくなってもいいかと単純に考えてました。無論結婚すると男女ではなく家族になってしまうなんて考えもしません。だから風俗の遊びだめをしようとゆう発想もなかったのでしょう。

ヘルスメイトさんの同僚のお歳は分かりませんが結婚前に風俗の遊びだめをしておこうとゆうのは、結婚後はカノジョが家族になってしまうとゆうことをご存じだからでしょうか。あるいは相手の女性とは長い付き合いで、すでに男女ではなくなっているけど今さら彼女を裏切ることもできなくて仕方なく結婚の運びとなったので今のうちにとゆうことか。そうであれば私もヘルスメイトさんの同僚の気持ちは痛いほど分かります。

もう一つの理由として考えられるのは恋人や妻とのHと風俗のHは別ものということです。よほど性の奥義を追求しようなんてゆうカップルでない限り普通は女性が下で男性が上からサービスを提供します。でも風俗ではこの関係が逆です。男がどうにでもしてちょうだいとばかりに仰向けに寝て女が攻めます。男にとってM的な状況です。無抵抗に一方的な性技を受ける、オーバーにいえば犯されてるわけで間違いなくMです。

ところで見方を変えるとそれは男にとってS的でもあります。自分は何もせず一方的に女にサービスさせている。働かせている。それも卑猥で恥ずかしい労働をさせているわけですから間違いなくSです。つまり**風俗は一粒で二度美味しい**。恋人や奥さんにこおゆうHは望めません。ヘルスメイトさんの同僚が結婚後も時々は風俗へ行けるよう陰ながらお祈りしております。

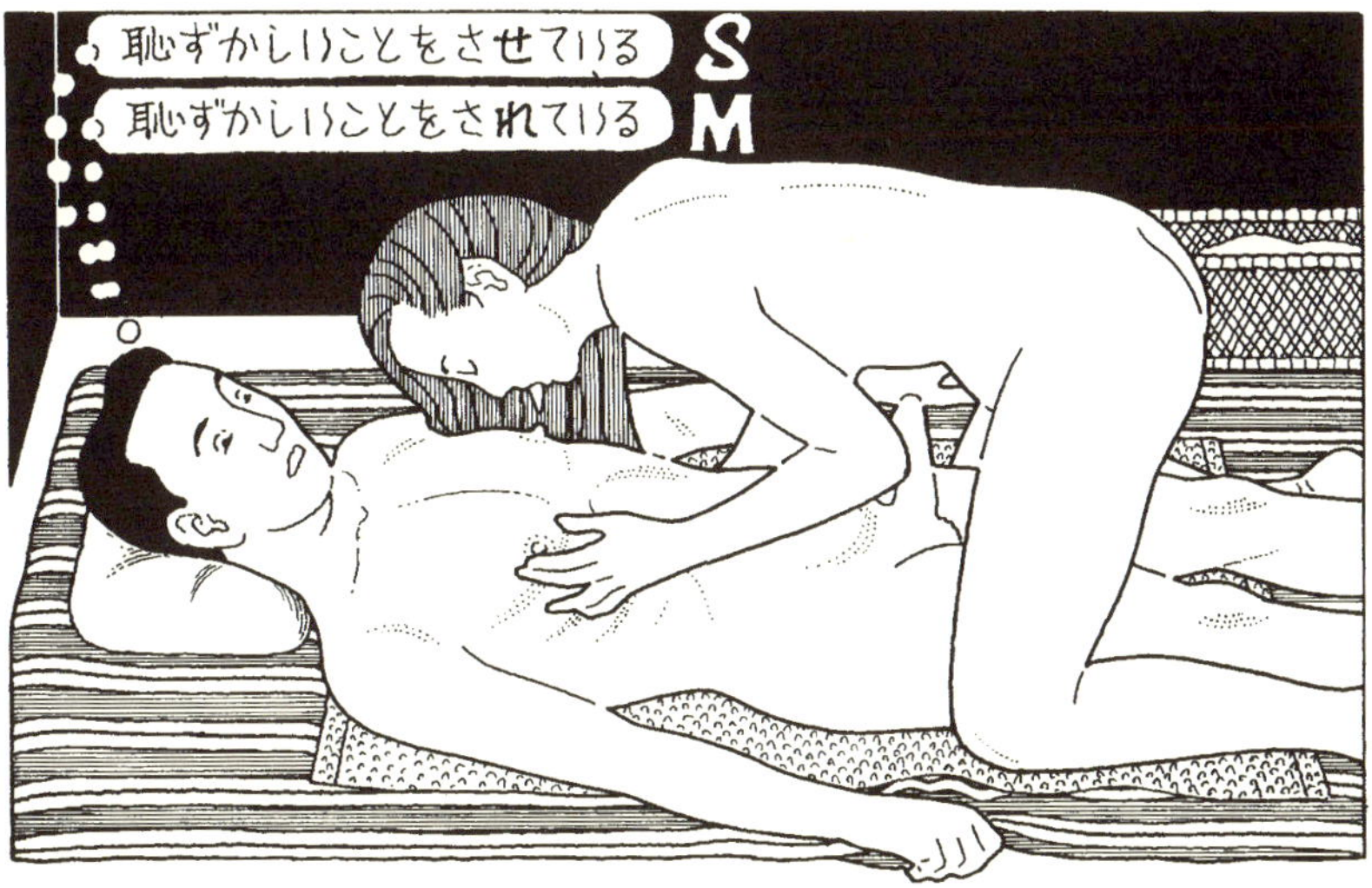
恥ずかしいことをさせている S
恥ずかしいことをされている M

ここイチバン、本命のコに限って勃たない

Question

風俗とかではバッチシ勃つんですが「あのコいいなー」と思ってるコにアタックして、ようやくHできる状況まで持ち込めたのに、勃たないんっすよ。以前も同じことがあり、最初から1カ月くらいは全然ダメでした。ここイチバン、しかも本命の時に勃たない。なんで?

京都市・モリオ・?歳

Answer

「あのコいいなー」と思う、さらに「ヤリタイ！」と思う、そおゆうのは精神の上部構造の仕事です。極めて意識的なテリトリーです。「あのコいいけどまだそおゆう関係ではないのでHできない」と思うのも上部構造。「してはいけない関係だからますますしたくなる」とゆうのも上部構造であります。

一方、精神の下部組織とゆうのは、無意識の世界とか、Hなビジュアル見たら勃起するとゆうようなことです。この上下関係は、必ずしも関係してるとゆうか繋がってるわけではありません。自分の好みのコを見つけても別に勃たないでしょ。何かのラッキーでそのコのパンティとか見られたら勃つかもしれませんが「いいなー」とか「ヤリタイ！」と思ってるだけでは勃たない。でも勃たなくても上部構造は「メシに誘って」とか「何かきっかけを」とか勝手に走ります。そうして順調に進めば、そのコが「Hしてはいけない女子」から「Hできる女子」に少しずつ変わっていく。上部構造では少しずつH期待度が高くなっていくのです。でも下部組織はそれについて行ってない。何度も二人で酒飲みに行ったりもしたし、プライベートな話もして、これはもうそろそろHできるかも…とゆうのは上部構造の理屈。下部組織にしてみれば、二人のつきあいが深くなるにつれて彼女の服が少しずつHっぽくなっていくとか、彼女の喋りにヨガリ声が混ざっていくとかの具体的な材料がほしいところです。そうやって**下部組織もだんだんとHモードをつくっていく**。とゆうようなことではないのかなあと思っております。だから風俗の場合、もう最初から「風俗」とゆうだけでHモードの準備ができていて「バッチシ勃つ」わけですな。

とゆうことは「Hできる状況にまで持ち込」む間に精神の下部組織もHモードに少しずつ切り替えていけば良い。Hの大願成就に近づくにつれて彼女の服がHっぽくなっていくとゆうのはあり得ないとしても、あなたの部屋に彼女の写真を貼って、アイコラの要領で徐々に脱がせてゆくとゆうことは可能です。他にもいろいろ工夫してみましょう。

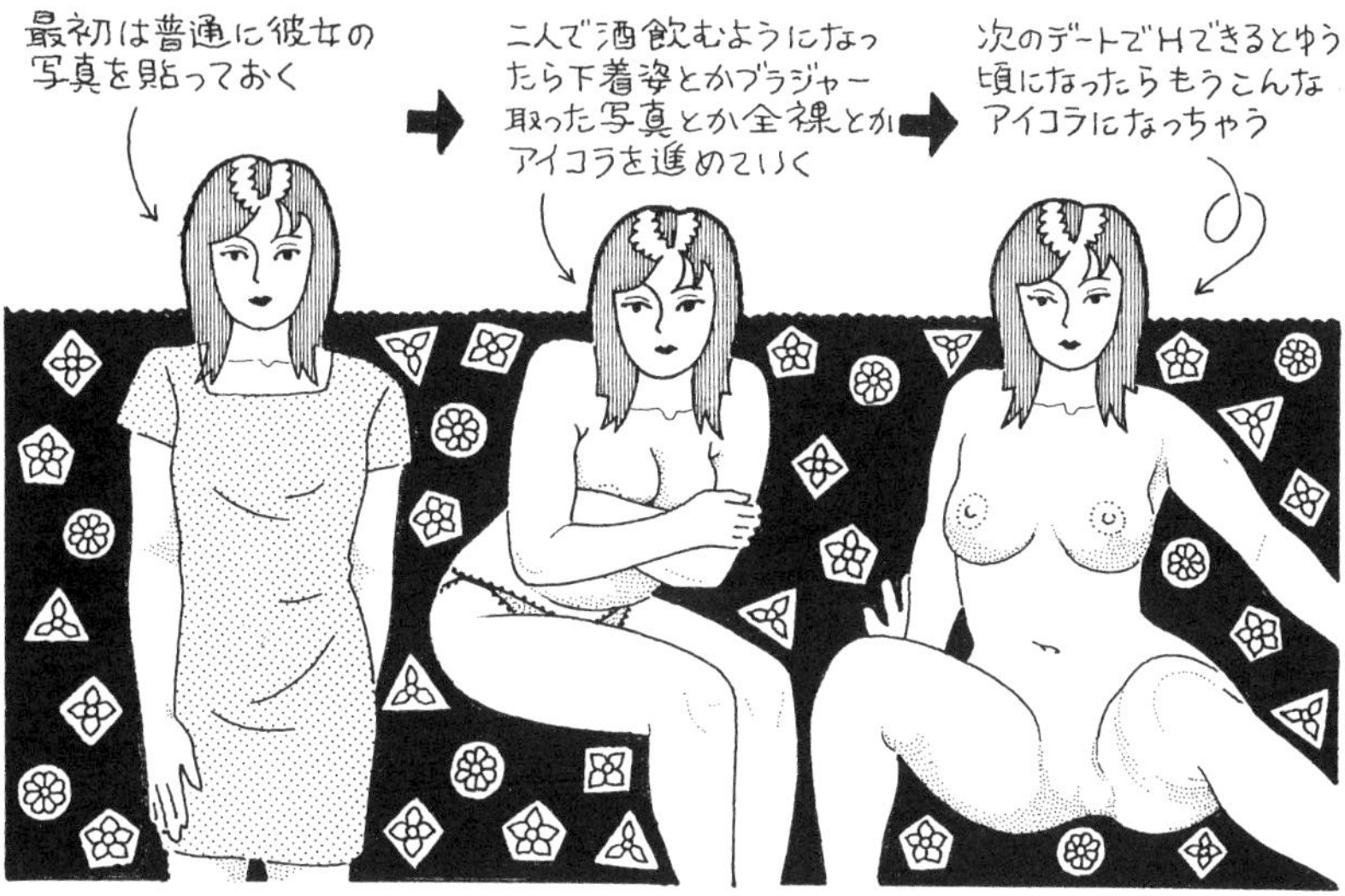
最初は普通に彼女の
写真を貼っておく
二人で酒飲むようになっ
たら下着姿とかブラジャー
取った写真とか全裸とか
アイコラを進めていく
次のデートでHできるとゆう
頃になったらもうこんな
アイコラになっちゃう

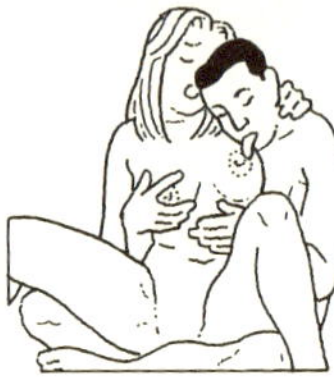

演技か、マジ拒否か、女性の「イヤ」の見分け方

Question

ナンパした女の子とホテルに行ったら「私、Mなの」とか言うので、ちょっと攻めてみたら「もう嫌っ」と。お前なんやねん!! って感じだったのですが、女性の「嫌」はどこまでどーやって汲み取ってあげるのがいいもんなんでしょうか。

川西市・21歳・特攻野郎A

A
nswer

最近はMとかSとかゆう言葉が市民権を得て幅広く使われるようになりました。だから「私、Mなの」と言われてもジュート縄5メートルを持ち出すとひかれることもありそうですよね。ただソフトであれハードであれSMは、形の上では攻（責）められてる側が露骨にそれを求めるより、辱《はずかし》めに耐えながらその快楽に負けそうになっている状況を演出する方が雰囲気です。だから言葉としては「イヤ」とか「ダメ」とか「ヤメテ」とかになる。でもS側がM側の要望を理解できてなかったり単にヘタだったりすると、演技としての「イヤ」とか「ヤメテ」がマジの言葉として発言されるとゆう可能性もありますわな。そこは言葉の表情を聞き分けるしかないのですが、拒否する側も多少の遠慮があって中途半端な言い方になるといった感じでしょうか。

つまり演技の「イヤ」と拒否の「イヤ」を言い分けることができればそれを聞き分ける側も楽になるとゆうことです。じゃあ具体的にどう言い分けるのか、それは簡単なことですよね。演技の「イヤ」は感じながら発せられるのでいわゆる**ヨガリ声の表情**をもっています。拒否の「イヤ」はただ痛いだけとか全然感じていないので**冷めた口調**になるでしょう。相手を傷つけたくないとゆう思いやりは美しいですが、こおゆうことはお互いの為にハッキリしておいた方が良いと思います。

どうしても言いにくいとゆう人や聞き分けが難しいとゆう人は**事前に打ち合わせしてからプレイに入る**のも方法ですね。拒否の時は「イヤ」ではなくてこの言葉を使うとか話し合って決めておく。「イヤ」とか「ダメ」とか紛らわしい言葉は全部演技系の言葉群に入れてしまいましょう。そして拒否の言葉は感じてる時に思わず言ってしまわないように、そおゆう時にとても使わないような言葉が良いです。例えば「悪いけどやめてくれます?」とか「煙草吸ってもよろしいですか?」とか。相手を傷つけず冷めてることを知らせる意味で敬語は欠かせませんよ。それにあくまで合図ですからね。

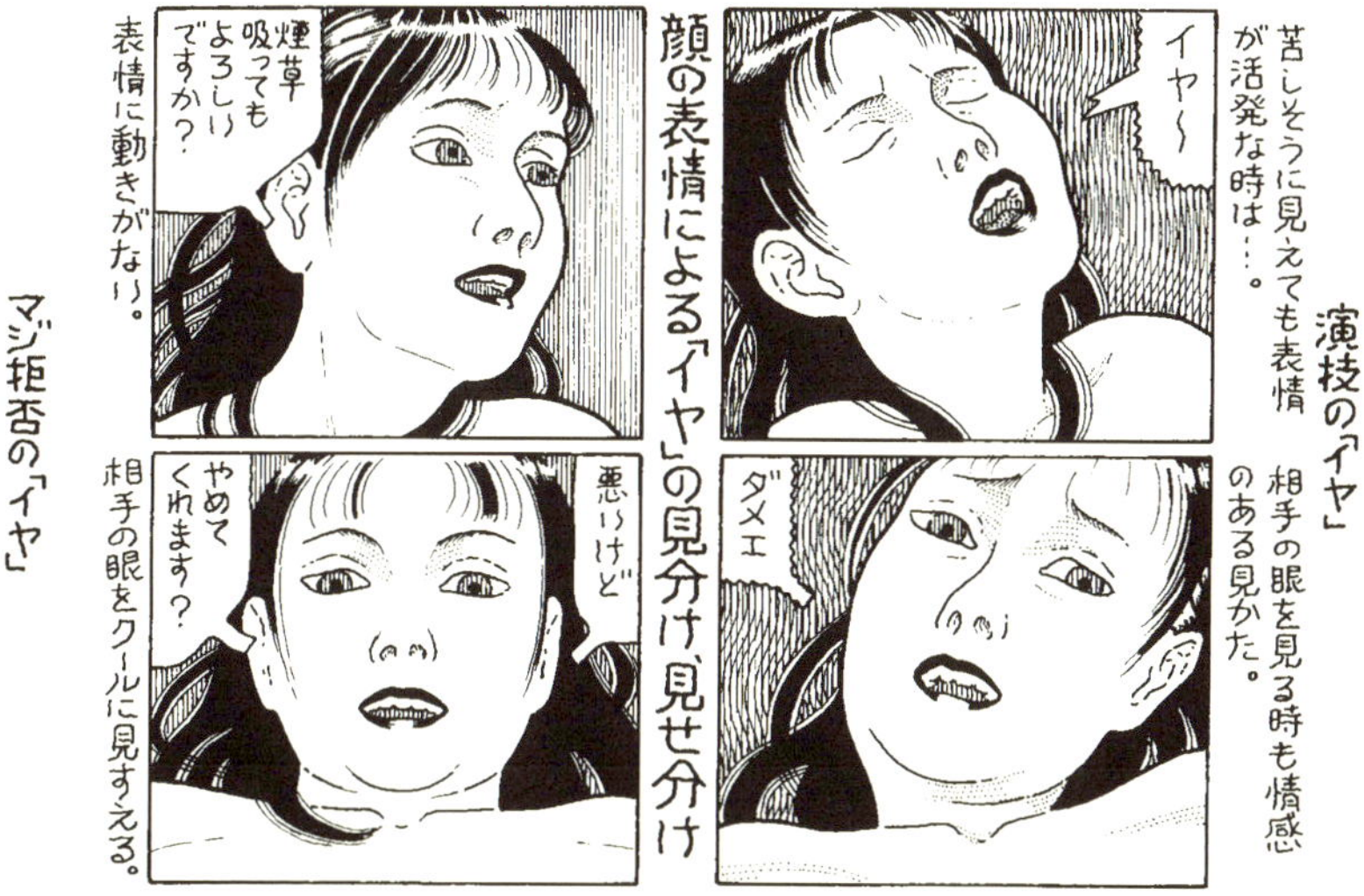
顔の表情による「イヤ」の見分け、見せ分け
演技の「イヤ」
苦しそうに見えても表情が活発な時は…。
イヤ〜
相手の眼を見る時も情感のある見かた。
ダメェ
マジ拒否の「イヤ」
煙草吸ってもよろしいですか?
表情に動きがない。
悪いけど やめてくれます?
相手の眼をクールに見すえる。

腰に負担をかけずにHする方法

Question

バスケをやっていて、腰を痛めてしまいました。それまでは週3でやってたHが今では週1もしんどいです。彼女も口には出さないけど不満気味。なんとか腰に負担をできるだけかけないでHができる方法とかないですか？　サッちゃん、僕だってヤリたいんだよ!!

大阪市・サッちゃんの彼氏・25歳

Answer

体位で言えば女性が上になる茶臼《ちゃうす》系になるんでしょうね。なかでも座位の茶臼。例えば「忍び居茶臼」とか「向こう突き」とか呼ばれてる体位は、男があぐらをかいて座椅子にもたれるように背を少し後方に倒し両手で支える。女性はそこをまたいでしゃがみ男の首に手をまわす。単なる騎上位だったら女は手でつかむとゆうか、すがるものがないので脚力だけで腰を上下させなければならないので非常にきつそうです。はっきり言って激しいピストンは無理でしょう。男が背を立てていたらそれを支えに腰を上下できるので全然違います。

ちょっと面白いところで「機織《はたお》り茶臼」とゆうのもあります。これはヤンキー座りじゃなくひざまずいて男の腰をまたぎ、仰向けに寝ている男の上に女子がかぶさって胸と胸を合わせます。そこで抱き合わずに互いの両手を組み合う。昔のプロレスでよくあった立ち合いの形ね。それで組み合った両手を支えに女子が腰を地に垂直でなく平行にスライドさせるようにピストンします。機織り茶臼とはまた良く言ったものですなあ。

これ二つとも男はほとんど動かずに女子が積極的にピストンする体位です。ただ男でも最初はピストンし易いように体を合わせるのに時間がかかるわけですから、それを女子にさせてもなかなかピタッと決まることはないでしょう。まして若い女子は自分から腰を動かすのにかなり抵抗があるかもしれません。でもあなたができないから仕方ないのでここは**彼女に意識改革を迫る必要があります**。それが成功すれば体位に限らず電動コケシを使ったりＳＭ等の遊びも無理なく導入できるはずです。

例えばコケシなどは体温がないので相手との一体感を持てないとゆうこともあるでしょうが、それ以前に「道具でヨロコブ」ことが若い女子としてはいかにもスキモノ女のような変態みたいな印象があるのではないでしょうか。でもあなた自身のＰが使えないとゆうことであれば**女子にしてみれば一つ言い訳ができた**ので安心してコケシや変態めいた性戯に入っていける。災い転じて福。腰痛めたおかげで眼前に底なしの快楽世界が開けたかも。

忍び居茶臼(向こう突き)

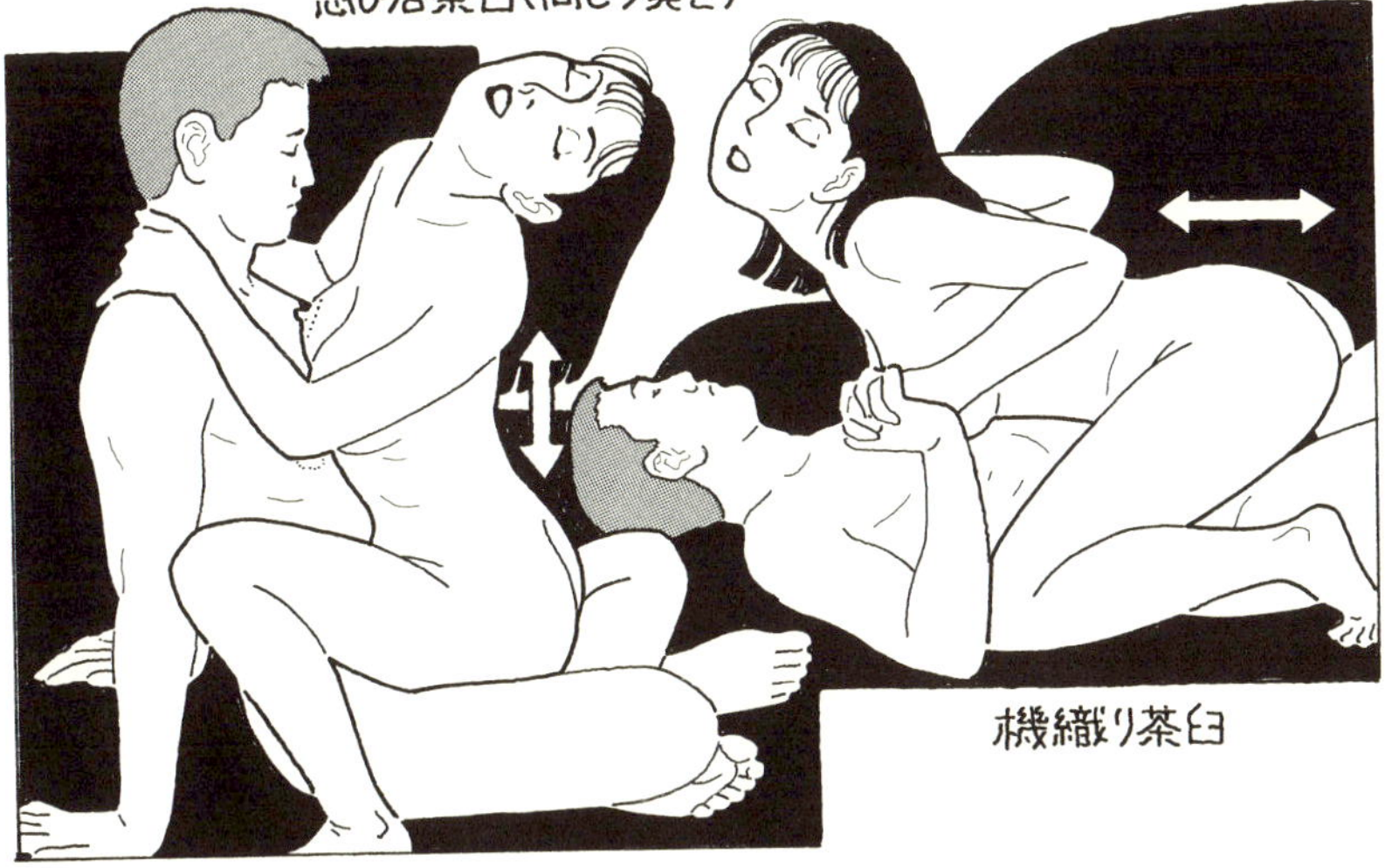

機織り茶臼

Hな擬音ゲームで彼女に勝ちたい

Question

彼女とH前に擬音ゲームをやってます。要はグチュとかドクッとかHな音を古今東西ゲーム式で言い合うんです。「女には不利」って彼女から言われて終わりにしたいんだけど、最後に個性的な擬音ないですか？　結構楽しいので先生も皆さんもやってみてくださいね！

?市・ヤタロウ・?歳

Answer

なかなかハッピーな御提案をいただきまして有り難うございます。

恋人同士でなくても合コンなんかでちょっと酒が入って雰囲気が和《やわ》らいできた時のゲームとしても良さそうですね。やっぱり擬音を発声した後で「何それ？」とか言われて解説したりもするんでしょうね。なんか解説の方がHで面白そうな気もします。解説を求める側と強要される側でSM的な関係も生まれそうです。合コンでやると一歩間違えばセクハラになったりしてスリルもありますよね。「ドピュッ」とか「ズボズボ」とか「チュパチュパ」とかゆうとだいたい分かるのですが、あえて解説を聞きたいところです。

逆に擬音だけでは本当に分からなくて、解説が必要なものもあるでしょう。例えば「ジョリジョリ」とゆうのは髭を剃ってる音と考えれば全然Hじゃないけど、**女子を大股開きに緊縛して下のヘアーを剃毛している音**、と説明すればセーフですわな。「ヴ～ン」とゆうのもそれだけなら扇風機か、蚊の飛ぶ音に聞こえますが、電動コケシと言われればなるほど、となる。特に**ローターとか小さいのが膣内に入り込んでしまってからの音**と思えば分かり易いでしょう。

外に出てる時は「ウィ〜ン」と高い音で、入り込んでしまうと少しこもった音で「ヴ〜ン」とゆうわけ。「ブリッブリブリブリ」といえば放屁の音ですが、単なるオナラも平時ではなく**羞恥プレイで空気浣腸されて我慢した末に下腹を押されて思わず大放出してしまった**とゆう解説が付けば充分Hです。「ゴボゴボ」ちゅうのはウガイですか？　と聞かれそうですが、これは**床に仰向けに寝ているM男の大きく開けた口に仁王立ちの女王様が放尿した聖水が飛び込んでくる音**なのであります。

ところで私も昔はエロ劇画とゆうものを描いておりましたので、その頃の作品を集めた単行本を読み返してみたのですが、残念ながら擬音についてはさほどユニークなものは描いてませんでした。だから他人様の発明した擬音で心に残っているものを御紹介します。スペースがないので詳しくはイラストを御覧ください。

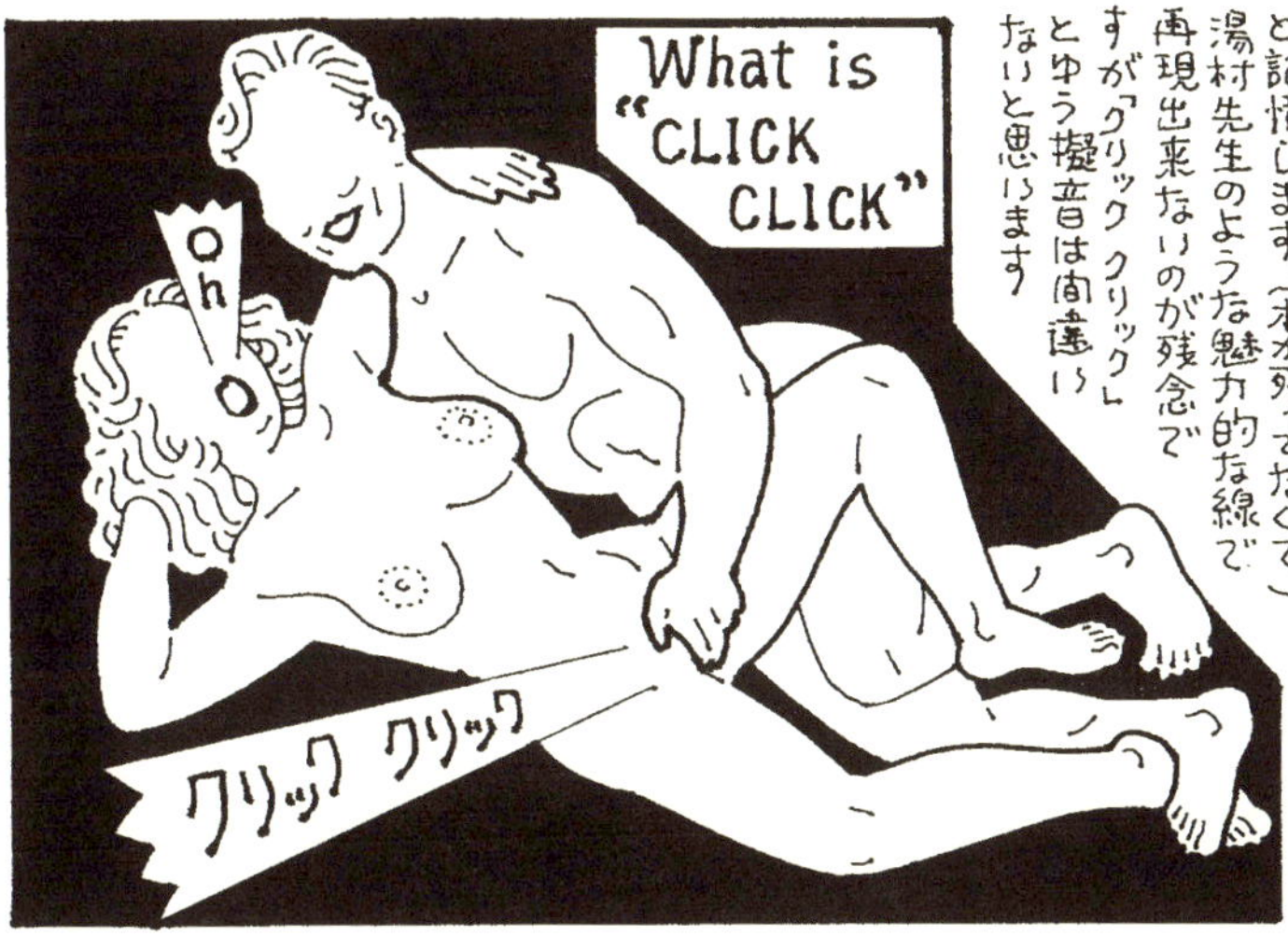
What is “CLICK CLICK”
Oh!
クリック クリック

なにぶんかなり前のことでウロ覚えになりますから正確ではないですが その擬音は湯村輝彦先生が作品上で発表されたもので状況は左のようであったと記憶します。(本が残ってなくて)
湯村先生のような魅力的な線で再現出来ないのが残念ですが「クリック クリック」とゆう擬音は間違いないと思います

カラダにラクガキする彼女の真意は？

Question

すごく可愛い彼女がいます。初Hから1週間後、朝起きたら足の指にラクガキされました。徐々にエスカレートし、ヘソまわりに模様、乳首に花マーク、内股には「勤勉」「努力」など考え込んでしまう文字が…。早めに手を打ちたいけど、彼女の真意やいかに？

京都市・営業マン・25歳

A nswer

学生時代に世界史とか美術史とかの教科書の最初の方に出てきましたよね。どっかの洞窟で発見されたラクガキが史上最古の絵画として紹介されてるの。ラクガキは美術や文学の創作欲のプリミティーフな発露として重要で意味深い形式と言えるでしょう。何かを表現したいとゆう混沌とした欲求がラクガキとゆうステージを獲得することで見るものにより伝え易いカタチを成していくわけです。

ただ小さな子供がクレヨン片手に意味不明な抽象を部屋のあちこちに創作していくのを親としては芸術の萌芽《ほうが》として喜んでもいられない。渋谷の商店主だってストリート系の若い衆に見飽きたようなつまらん作品でシャッター汚されてはかなわない。だから親は子供にスケッチブックかカレンダーの裏を与えるわけです。これは描いて良いもの、いけないものとゆう区別を教える。ただそれも常に新しさを求められる芸術表現の場では間違った教育と言わざるを得ません。平面はカンバスに、立体はブロンズで…なんてナンセンスは近頃子供でも知っています。表現とゆうものは主題だけでなく素材、形式、方法すべてにおいて自由でなければいけません。

その意味で表現形式としてあなたの肉体を選択した彼女の創意は健全であります。できれば乳首に花マークなんていい加減なことじゃなくてもっとあなたを感動させるくらいの問題作を描いてほしいくらいです。そこはあなたが子供のラクガキを許す親の寛容を見せるとして、じゃあシャッターにラクガキされる渋谷の商店主はどうするのかとゆう問題が残ります。親が子供のラクガキを許すのもあくまで自分の家の中での話。ヒト様の家にラクガキするのはやっぱりいけません。実はそこなんです、問題は。

彼女があなたの体にラクガキするのはそれが**ヒト様の持ちものではなく自分の占有物と思っているから**ではないでしょうか。猫が自分の飼い主に頭をこすりつけて自分の匂いをつけるように彼女も**あなたの体にラクガキしてマーキングしてる**のかもしれません。そして若い人、特に女性は互いに束縛し合うことも新鮮な感情として楽しむ。つまりあなたも彼女の体にペインティングすることを、彼女は求めているのかも。

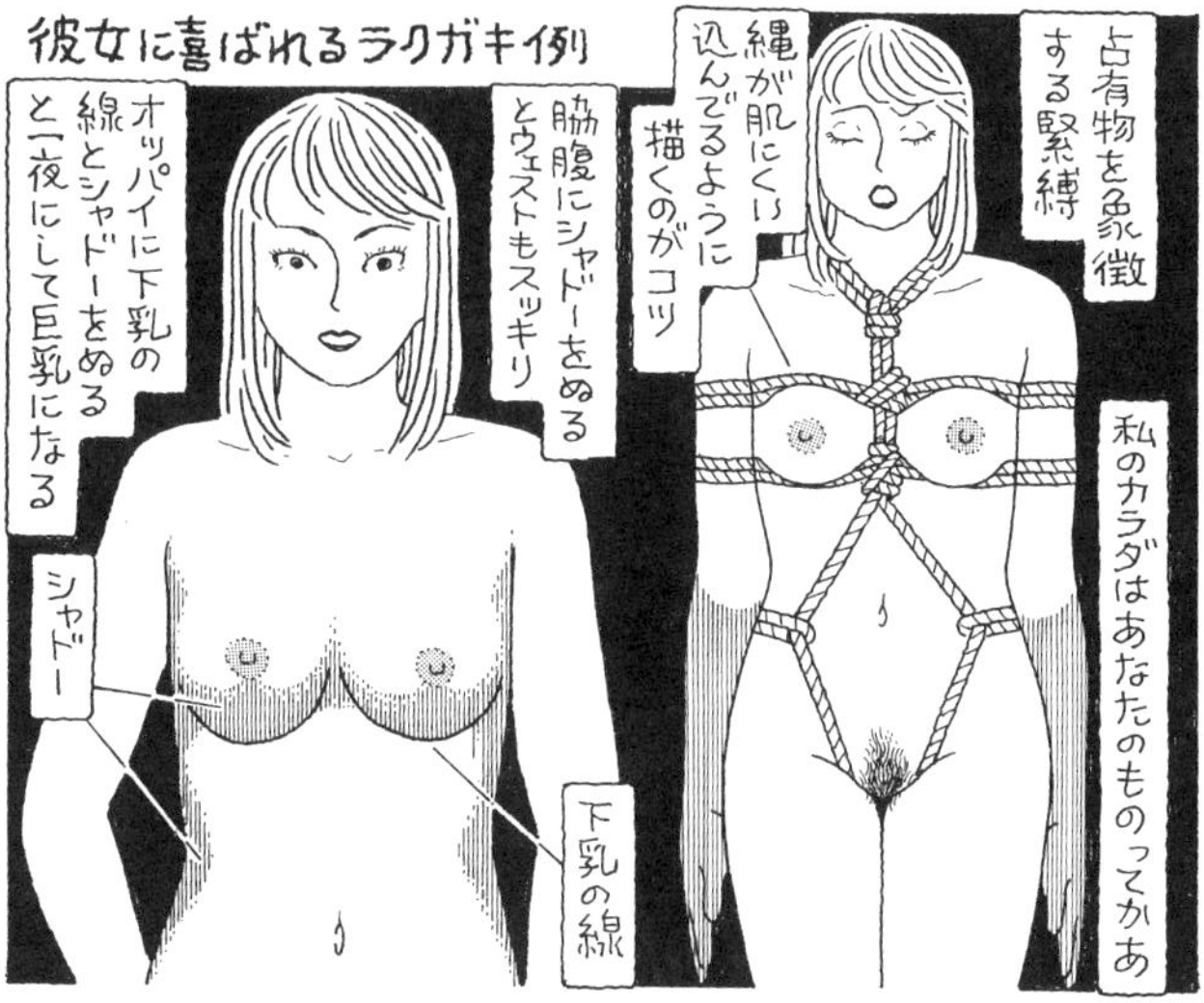
彼女に喜ばれるラクガキ例
占有物を象徴する緊縛
縄が肌にくい込んでるように描くのがコツ
私のカラダはあなたのものってかあ
脇腹にシャドーをぬるとウエストもスッキリ
オッパイに下乳の線とシャドーをぬると一夜にして巨乳になる
シャドー
下乳の線

あなたにマーキングするように自分の体もペインティングしてもらってあなたの占有物になりたいとゆう乙女心です。だからちょっとシャワー浴びたくらいでは落ちないくらいヘビーに描いてあげましょう。洗い流すのが大変とゆうことが分かれば彼女も創作をやめるでしょう。

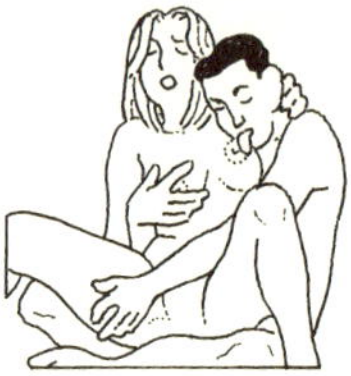

他の男とヤッてる彼女を想像して興奮

Question

彼女が他の男とヤッてる姿を想像すると興奮するんです。僕は性欲強めで彼女は淡泊なので、ひとりHの時、いつも想像してしまう。実際に浮気されて他の男としてたりするとヤなはずなのになぜ興奮してしまうのか自分でも分かりません。スワップの気はないと思うし。

京都市・ロッキー・29歳

【Answer】

怖いもの見たさとゆう言葉がありますよね。あれは本当にマジで怖い目に遭いたいとゆうことではないと思うんです。お化け屋敷とか入ってキャーキャー言えるのも基本的にこれはツクリモノである、本当のお化けじゃないと分かってるから楽しめるわけですよね（私自身はそれでもイヤですが）。

私自身が楽しめる怖いもの見たさとなるとヤクザ映画の実録路線でしょうか。『仁義なき戦い』シリーズ良かったですね。リアルで良かった。リアルだから良かったんですが、リアルが良いなら実際に組の事務所行って一日見学させてもらえばいいじゃんと言われるとそれは違う。現実にそんなところに身を置いていると刺激強すぎてストレス溜まりまくりでとても面白いなんて言ってられません。映画館でスクリーンに映る影を見てるから、客席で自分の身の安全を百パーセント保証されてるからこそヤバイ世界がリアルであればあるほど面白いわけです。

それと似たようなことが、京都市・ロッキー・29歳さんのひとりHのオカズにもあるのではないでしょうか。例えばアダルトビデオとかＤＶＤとかどんなに巨乳の女優が出てようが、Ｈな演出であろうが、所詮はツクリモノとゆう意識がどこかで働いてしまう。そこに映ってる女性が見ず知らずの他人だからです。リアリティがないのです。じゃあどうして自分とヤッてる姿を想像しないのか。そんなものは実際に普段ヤッてるわけで、想像するよりヤル方が良いに決まってます。怖いもの見たさにはならない。だから他の男に預けるのです。自分とヤッてる状況とゆうのは、どうしても自分と彼女が一体化して想像されて、行為中の彼女の痴態がクローズアップされにくいのかもしれません。だから**黒子的に他の男に預けることで、彼女の恥ずかしい姿を強調させる**わけです。たぶんスワップしてる人達はそおゆうことを現実に楽しんでいるのでしょう。

ロッキーさんはその気がないとゆうことですから、想像上で安心してツクリモノのリアリティを楽しんでおられる、とゆうことになると思います。

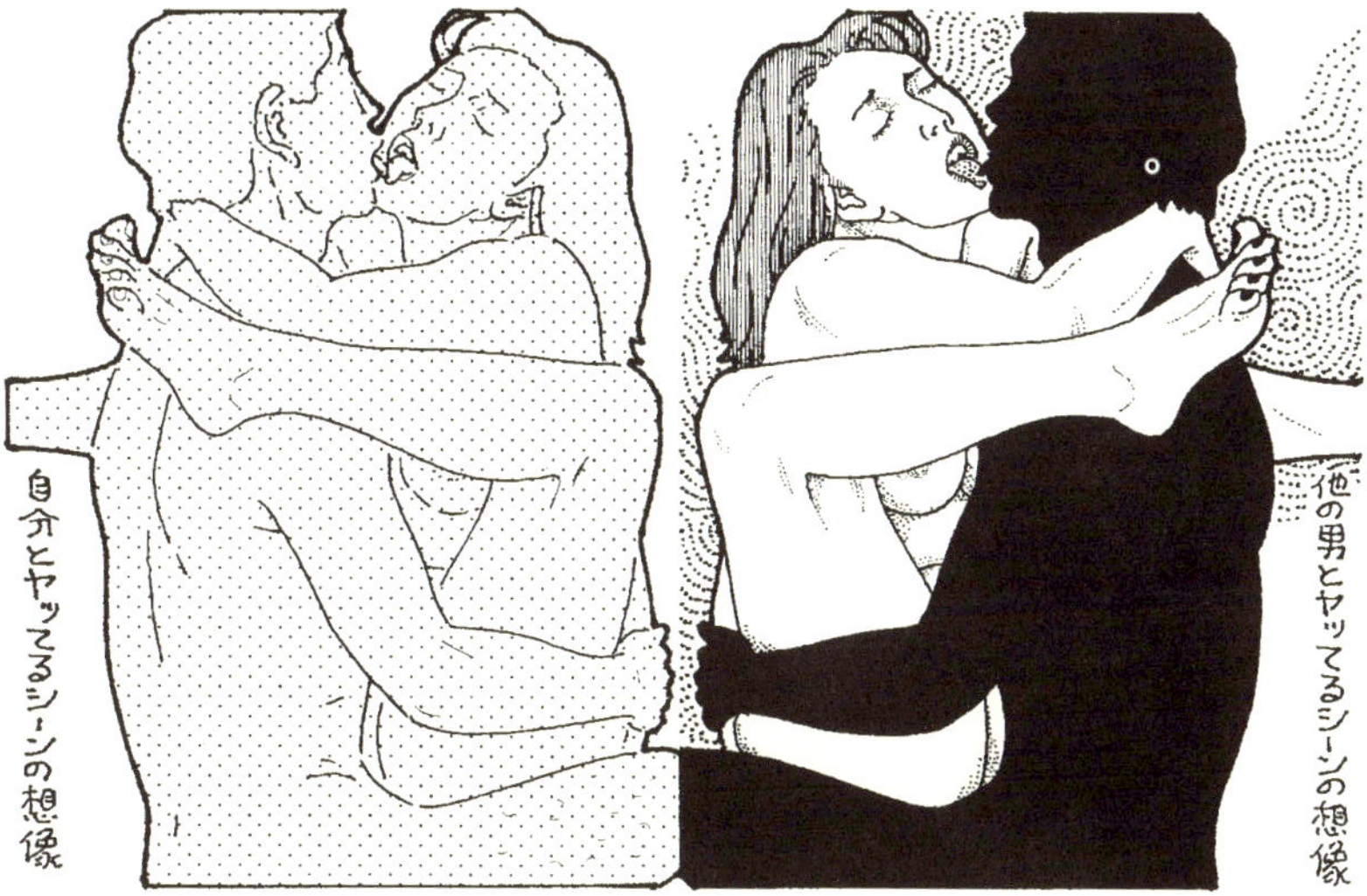
自分とヤッてるシーンの想像
他の男とヤッてるシーンの想像

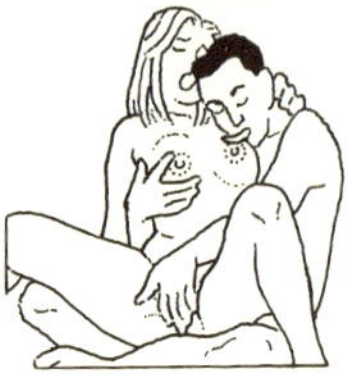

H後すぐ寝る彼女をもっとHにさせたい

Question

SEXでイッた後、ボクの彼女はそそくさと「眠たいねん」と言って何の余韻もなくイビキをかいて寝てしまいます（普通、男側ですよね）。H後のまどろみを大切にして一緒に寝たいのですが、こんな彼女をどうすればもっとHにさせることができるでしょうか。

大阪市・Hなマッチ・39歳

Answer

男女の性に対するあり方は歴史がつくってきたと思うのですが、だからまた時代によって変化もしてくる。あなたの彼女のような人もいて不思議はないのです。それで私もHは充分にHにして眠る時は誰にも邪魔されず伸び伸びと眠りたいと思う方なので、彼女の気持ちは分かります。あなたの身になって考えなくてすみませんが、彼女はゆっくり寝かせてあげてください。

その代わりにあなたにもH後の楽しみを一つ考えました。マーそのイメクラのプレイみたいなもんですけど、**状況を設定**する。例えばあなたはコソ泥になる。カネめの物を物色中にふと寝乱れた女子の姿が目に入った。コソ泥ではあるがレイプするほど悪人じゃない。添い寝するくらいなら許されるだろう。横になってギリギリまで体を寄せる。見ず知らずの女子と添い寝するだけでも至福の時だが少しずつ欲も出てきて触りたくなる。イビキかいてるくらいだからちょっと触っても起きないだろう。ゆっくり慎重に下着の中に手を入れる。見ず知らずの女子の秘所をジカとゆうかナマで触るこのスリルと昂奮。ああ、ずっとこうしていたいけど早く仕事してズラからないといけないし、とゆう心の葛藤があったりして、そうすると目の前の彼女が何ものにも代え難い宝物に思えてくるでしょう。

「H後のまどろみ」も良いでしょうが、男が腕枕とかして抱き合ってとかゆうといかにもお互い所有し合ってる感じですわな。あなたの所有物になってしまった女とゆうとマー有り難みもさほど感じない。でも見ず知らずの他人の女子と添い寝となるとこれは値打ちが違います。こんな幸福に比べれば腕枕なんて夜中に手が痺《しび》れるだけじゃないですか。

そこでそおゆう幸福を入手する為にはきちんとお膳立てを整える必要があります。面倒臭がらずにコソ泥らしい黒い服を着て一度、部屋を出る。忍び込むところから始めましょう。古典的過ぎてリアリティに欠けるかもしれませんが、唐草模様の風呂敷なんて懐かしくて良い。となると、アタマは手拭いほっかむりですわな。**添い寝の前に引き出しの二つ三つは荒らしておきましょう。**

たまにはこおゆうカタチで添い寝
してみるのも有りとゆうことで
ほっかむり
かなりソフトな
タッチくらいは可
一唐草模様風呂敷

風俗が大好きで素人だと物足りない

Question

風俗が好きでいろいろ行ってます。「温泉パブ」「ふんどしパブ」「イメクラ」などなどです。本当は健全にいきたいのですが、素人だとどうも物足りないのです。僕って異常でしょうか？　また、素人さんにはどう接したらいいのでしょうか？

京都市・毒身マン・32歳

A
nswer

それを異常とゆう人もいればそんなことはないとゆう人もいるでしょう。異常か否かは聞かれた人のスタンスによって変わってきます。私に言わせればですよ、人間ちゅうもんは飽きるとゆうことを知る生きものですからいつも同じセックスをしていて「素人だとどうも物足りない」と感じるのはとても自然な結果です。「温泉パブ」「ふんどしパブ」とゆうのがどおゆうものか私は知らないのですが、イメクラも含めて風俗は「素人」相手の正常位のセックスとは違う「変わったこと」を体験させてくれる。しかもそおゆう行為は「遊び」の感覚で成立している。本能から脱しきれてないような正常位セックスより刺激があるのはまったく当然です。そして何より大きな要素は女子の側から攻めてくれること。

編集部の補足ではこの女子が攻めてくれるとゆうこと、そしてアクロバティックな体位のセックスが好きなことが自分を風俗店へと駆り立てる理由であると毒身マンさんも納得しておられるようです。それが分かっておられるなら私の答えも簡単です。**風俗のHと彼女相手の金銭が介在しないセックスは基**

本的に別もの。風俗嬢たちは一定の報酬を得ることで仕事としてお客に刺激を提供しています。晩メシおごったくらいで素人の女子にプロの技術を期待するのは間違いです。アレはアレ、コレはコレと了解しましょう。仮に**風俗嬢を彼女にしてもプライベートHでは攻めてくれないかもしれません**。

ただ技術の提供はないにしても大胆な体位を要求するくらいはしたいと毒身マンさんは思っておられるようで、その場合「普段どうしてるの？」とか「前の彼女はそうだったの？」とか思われないかと不安になるとか。初めての相手にいきなり手錠やらバイブやら駆使するのは問題ですが回数を経て少しずつ小出しにすれば良いでしょう。何を思われても基本的に気持ち良ければ許してもらえます。プロとアマは違うと書きましたがナニブンこおゆう時代ですからアマチュアで金も取らずに攻めてくれる女子もいます。風俗通いの合間にそおゆうタチの女子を探す、また開眼させるとゆうのも夢のある話ではないですか。

「攻め」が出来る女子を探す為の目安の一つとして
自分を笑わせてくれる男が好きとゆう女子は多いがその逆、男を笑わせる女はH時において「攻め」の可能性が高い。自分が働きかけて相手のウケを楽しむとゆうことで。理屈としてはね。

私はカンボツしてるけど
あんた乳首長いわなあ
うん前の彼が乳首フェチで乳首に洗濯バサミして引っぱりやるからのびてのびて コラどんな男やねん
素質有りだな

女性の名器ぶりを見極める術

Question

都市伝説かもしれませんが、男のアレのデカさは鼻の大きさに比例するなんて言いますすよね。ならば女性の名器ぶりを見極める術はあるのでしょうか？　据え膳食わぬは武士の恥ですし、だからどやねん、ではありますが、街を歩く時、いざベッドインの時に違う興奮がありそうなのでひとつご教示ください。

大阪市・人間発電所・26歳

Answer

丸の中に点が3つあると人間はそれを顔と見るそうです。我々は自分が意識する以上に顔とゆうものにひきずられているのかもしれません。それで、人相占いではなく勝手に庶民的に顔からその人の情報を得ようとするのでしょう。となると例えば陰茎であれば顔の中にそれを象徴するものや類似しているものを探す。つまり体から突出しているところとゆうわけで鼻になるのでしょうな。

女子の場合は逆に凹んでいるところ、穴の空いてるところですからこれは口です。口の入口は唇、女性器の入口は大陰唇。深い穴で中は湿っているとなれば陰茎と鼻より類似してます。ただ唇が分厚ければ大陰唇も大きいと単純に結びつけるのはお遊び的に良いとして、じゃあそれが名器かとゆうとまた別の話っぽい。大じゃなくて小陰唇に対応させたとしてもビラビラが大きくてよりビラビラしてるのは見た目Hでやらしいけど世の中にはそおゆうややこしい形状に拒否反応する男も少なくないでしょう。

昔から男達の間で言われてきた名器とは大小や形状ではありません。ビジュアルではなく**女性器が男性器に提供する触覚**です。ミミズ千匹とか数の子天井とかの膣の内壁。私もよくは知りませんがミミズ千匹は内壁に無数のヒダがあってミミズがのたくるように動くのでしょうか。数の子天井はやっぱりイボイボかな。ただこれを顔の中の部分に象徴させるとゆうのはかなりキツイ。頬がニキビでブツブツだから彼女は数の子天井ってそれじゃ短絡的過ぎて噂にもなりません。せめて同じ穴の中で舌のブツブツが大きいとか…いるかなぁそおゆう女子。

ミミズとか数の子は幻クラスですがもう少し入手し易いところでは**膣口の収縮**とゆうのも名器のうちです。直腸や尿道の周囲の筋肉は子供の頃から使ってるでしょうが膣の筋肉は用がなかったから使用法が分からない。これはＨの数をこなして習得していくしかない。でもあえて顔の中で探すなら口よりも**鼻の穴がヒクヒクよく動く**とゆうのが暗示的でポイですよね。

名器か否かは別として顔と性殖器周辺を見比べてなんらかの関係を探るとゆうのは性生活を格段に興味深いものにするでしょう。(強引な屁理屈であっても)風景的に見過してるようなものでもしっかり観察、記録することが大事。

顔写真　プリクラでも良いけどできれば名刺サイズくらいはほしい。

名前 □□□□□
年齢 □□
T□□□ B□□ W□□ H□□
仕事 □□□□□
趣味 □□□□□□□□□□□□□
性格 □□□□□□□□□□□□□□
□□□□□□□□□□□□□
H度 □□□□□□□□□□□

無論情報量は多ければ多いほど良い

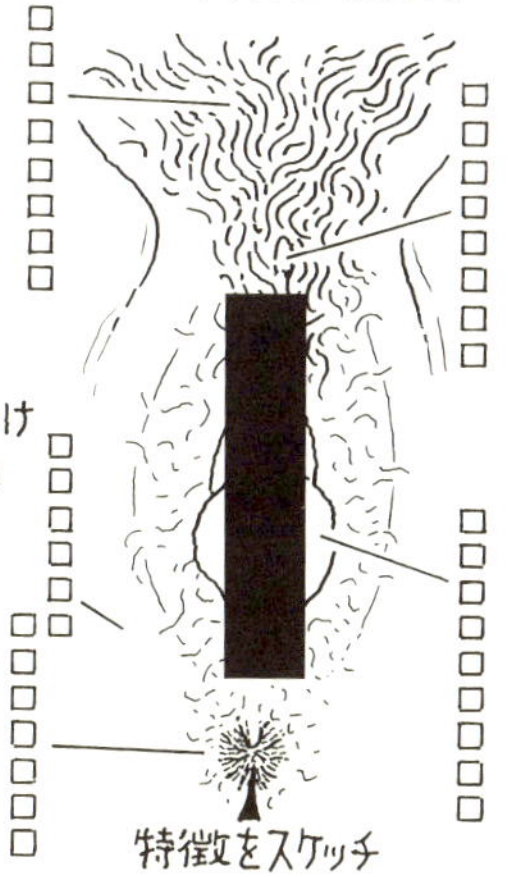

特徴をスケッチ

パイズリしてくれる女子の見分け方

Question

風俗で覚えたのですがパイズリをしてくれないとなかなか勃ちません。彼女にやってもらうにはどう頼んだらいいだろう。また巨乳ギャルを見かけるとナンパしてヤリたくなるのですが、パイズリをしてくれそうな女子のうまい見分け方ってあるのですか？

岸和田市・匿名希望・35歳

A
nswer

当たり前チックかもしれませんが「パイズリしたい！　パイズリ！」と思っていても女子に面と向かって「パイズリして！　パイズリ！　パイズリ！」と言わない方が良いような気はしますね。よっぽど経験豊富な性豪みたいな女子でもない限り、普通の女子はパイズリを「ヘンなこと」と思ってるでしょうから、余り強調するのは得策ではないでしょう。

だから何も言わずに普通に舐めたり揉んだりして、オッパイ愛撫の延長とゆうか締めみたいな感じで当然の顔で、人間が文化を獲得して以来五千年の間、パイズリは営々とされ続けてきたと言わんばかりにやればよいのではないかと思います。無論チチ愛撫の続きですから、女子のチチでペニスをしごくと同時に乳首を刺激する等のサービスも必要です。要するに「パイズリ」ではなく「**二本の手と一本のペニスの総動員態勢でチチを愛撫している**と彼女に思わせることが肝要。つまり最初は「してもらう」のではなく自分でするわけです。Hの時は必ずソレをして、五千年の間パイズリが前戯として営々と続けられてきたことを彼女が承認した時点で彼女に「してもらう」のが手順として妥当と思われます。

そうすれば特にパイズリをしてくれそうな女子を見分ける必要もないかと思いますが、ただ近頃は少なくなってるかもしれませんが、巨乳女子の中には自分の巨乳を快く思ってない子もいます。そおゆう女子は男たちの視線が自分のチチのあたりに集中することにナーバスになってる。自分の巨乳を性的な問題として悩んでいます。そおゆう女子とHする時に、その問題の巨乳を特筆すると彼女は自分の巨乳を嫌悪するばかりか、巨乳を愛撫する男さえも嫌ってしまうことが予想されます。ましてその巨乳で男のペニスをしごくなどとゆうことになれば、**自分は大人のおもちゃを胸に付けてるのか**とゆう気持ちにさえなるでしょう。

これまた当たり前かもしれませんがパイズリしてくれそうな女子とゆうのは自分の巨乳を誇らしく思ってるくらいでないとね。そおゆう女子は自分の巨乳を顕示します。単純ではありますが見分け方としては重要ですよ。

ここまで乳房にこだわって
顕示してる女子ならもう
パイズリ間違いなし！
胸から上はほぼ半裸状態で
見せてるのに下は徹底
して隠してる
ドレスの中でも
コルセットで
巨乳を持ち上
げて顕示する

残ったゴムの有効活用術

Question

彼女ができて、張り切ってコンドームを買ったのはよかったんっすが、半年ももたず、結局使ったのは3回だけ。今後当分使うチャンスもなさそうだし…。むなしく残ったゴムたちを有効活用することってできないんすかね。

神戸市・フーセンウサギ・24歳

A
nswer

氷《ひょう》のうがわりとか、タイガースの応援とかも安直すぎますし…と編集部から釘をさされてしまいました。難しいですね。とにかく考えてはみたのですが。①中に粘土をいっぱい詰め、入口を縛ってGIジョー形式の柔らかい玉をつくる。モミモミして感触を楽しみ癒される。②ある程度の太さのYの字型の枯れ枝を拾ってくるか、極太の針金を曲げてYの字をつくり、Yの字の上の二端にコンドームの両端を結ぶ。昔懐かしい子供の玩具のパチンコの出来上がり。私が子供の頃は何故かこれを「ゴムチュー」と言っておりました。

全然駄目ですね。まだ氷のうやジェット風船の方がましですわな。別の使い方で何か良いのって、そりゃPにはめる為につくられたものですからPにはめるのが一番良いんですよ。ねえ。Pにはめましょう。悪あがきせず潔く(とゆう言い方もなんですが)Pにはめて使うのが一番。彼女はもういない？　いなくたって使えます。オナニーに使うのはもったいない？　意味がない？　確かに誰も見ていない自室でやるオナニーに使うのは意味がなくてもったいないです。

でもオナニーの中にはコンドームが必要なオナニーもあるのです。それを私は一応**「環境オナニー」**と呼んでいます。どおゆうものか端的に言えばプライベートな自室ではなく公共性の高い外の空間でやるオナニーです。書を捨て町へ出てやるオナニーです。

例えばデパートのトイレでする。これは公共の場です。個室なので他人に見られることはないのですが、板子一枚とゆうかドア一枚はさんでるだけでそこは間違いなく社会的空間であります。そおゆう場所でPをほり出してあまつさえ握ってしごくとゆう**恥ずかしい行為をしてる自分をオカズにして興奮するの**が環境オナニーです。

ただトイレではコンドームは要りません。トイレからも出て完璧に公衆の面前に己を晒《さら》しながらオナニーする時にコンドームが必要となるのです。無論痴漢や露出をするのではありません。方法はイラスト見てください。

基本的条件として冬か雨ふりの日であること。つまりだぶっとした大きなコートやレインコートを着てその中で隠れてしごく。始める前にはトイレの個室でコンドームをつけます。勃起した時にコートが前でテントをはらないようにPを常に上向けに固定するようフィットしたブリーフを着用する。後はショッピングでも公園を歩きながらでも自由にオナニーしよう。

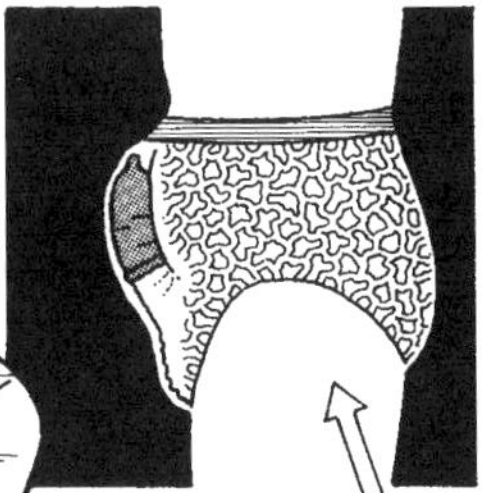

これなどオーソドックスで飽きのこないデザイ
無論女性に触わったりコートの外にPを出したりするのは犯罪だよ!
大きくしごくとバレルから指先で亀頭をもむようにしてしごく

同棲中でも一人でエロビデオを見たい

Question

同棲を始め、以前のようにエロビデオが観られません。二人で観ればいいやんと言われたりもしますが、エロビデオはこっそり観てこそ値打ちがあるもの。狭い部屋なので風呂以外は一緒にいるような生活で、でもエロビデオ本来の楽しみ＝一人で楽しむことができないかと悶々としている今日この頃です。

大阪市・おしどり哀歌（エレジー）・27歳

A
nswer

確かに仰る通りエロビデオは一人でこっそり観てこそ値打ちがあります。「二人で観ればいいやん」などと言う人の気がしれませんね。

そんなことを言う人とゆうのはあまり他人の気持ちを考えないのではないでしょうか。パートナーがいる前でビデオの中の女に欲情するとゆうのは当面の相手に対して失礼です。私は今まで愛と性は別と言ってきましたがそれは男的な感覚で、昨今そおゆう女子も増えてはきましたが数の上ではまだまだ愛と性を同一視する女性は多いと思います。それにエロビデオ自体、基本的に観たくないとゆう人やエロビデオを観て欲情すると思われたくない女子もいるでしょう。また二人でなんやかんやケチつけながら観るとゆうのはエロビデオに対して失礼です。てゆうかもったいない。おしどり哀歌さんは正しいです。

とマー賛同しててもしょうがないですね。編集部補足によりますと、現在は彼女の入浴中20~30分の速攻で観るのが関の山とか。せわしないですね。私も先の妻は専業主婦でずっと家にいたのでエロビデオを観るのには苦労しました、それでどうしてたかとゆうとマー珍しくもない方法ですがスーパーへ買い物に行く時を狙ってました。一度ビデオをセットしてパンツ下ろした時に妻が「財布忘れた」と言って帰って来たことがあって大いに慌てました。買い物を狙う時は彼女が出かける前に「**財布持った？**」と確かめるのが肝要です。

他の方法としてはこれはまた普通ですが、彼女が今日は友達と飲んで帰るから少し遅くなるとゆう時を絶対に無駄にしない。仕事仲間に誘われても頑《かたく》なに拒絶して帰宅しましょう。ただこの場合も彼女の予定が変わって早く帰ってくるとゆう事態も考えられます。ビデオをセットする直前に彼女にケータイして「**醤油どこにあるの？**」とか聞いて彼女の所在を確かめておきましょう。

彼女の動きを待つのでなく自分から攻めるやり方としては「今日、男友達が集まってエロビデオ鑑賞会あるからどこかで遊んで来て」とゆうのも有りかな。

ドアの前に空きビンのいっぱい入った袋
彼女が帰ってきてもすぐに入って来れないように
ビデオ鑑賞直前にケータイで彼女の所在を確認
いざとゆう時にすぐビデオ切れるようにリモコンは見つけ易い場所に
ドアを開けてもすぐに室内が見えないように長いのれんをかける

ダッチワイフの生産的で楽しい使用例

Question

誕生日に先輩からダッチワイフを貰いました。試してみたところ、いちおうヌケましたが、一回やったらそれでいっかなー、って感じです。だいたい「何してんのやろ、オレ」って、虚しさというか、自分自身に呆れるというか。もっと生産的な、楽しい使い方、ないですかねえ。

大阪市・珍念・26歳

A
nswer

編集部補足によると珍念さんがもらったのは膨らますタイプだそうで昔の南極1号とかああゆうのですね。ワイフったって生身の女性とは似ても似つかない風船ですわな。当然逆立ちしても女性の代わりにはなれません。そおゆうものに自分の陰茎を入れるとゆうのは女性とセックスしてる気持ちでは全然なく、**女性器以外の何か変なモノに陰茎を入れてるとゆう変態的行為として楽しむ**ことです。女性の代わりと思うから虚しいので最初から何か変なものに入れてると思えばさほど虚しくはないと思うのですが、やはり補足によりますと珍念さんが虚しさを感じるのは果てた後にワイフを畳む時や出したものを拭く時とゆうこと。これは分かります。出すものを出してきれいな心になってる時に性欲の残骸を後始末しなければならないとゆうのは確かに虚しい。いや虚しいとゆうより〝つらい〟です。かといって風船相手にコンドーム使うのも何かもったいないし。きょうびのダッチワイフ（ラブドールとゆうそうです）なら充分コンドーム使う価値ありますけどね。皮膚の質感や肉の柔らかさ、間節等限りなく人間に近いそうですが当然値段もウン十万はします。

そんなことより他の使い方でしたね。あんまり自慢できるような案は浮かびませんでしたがとりあえず…。①浮き袋。海水浴行った時にウケを狙ってください。②路駐用人形。10～15分とゆう微妙な時間路上駐車する時に監視員の目をごまかす為ワイフに服を着せて座らせます。無論着せるだけじゃダメ。帽子、サングラス、マスク等完全防備が肝要です。③セーター干し型。上等のセーターとかハンガーで干すと肩の部分にハンガー跡がついたりします。膨らませたワイフに着せておけば大丈夫。④おんぶ紐。とゆう名称で良いのでしょうか、赤子をおんぶする道具。背中の赤子に重ねるように膨らませたワイフをおんぶする。それで胸の部分でワイフの右手と左脚、左手と右脚を交差するように結ぶ。空気が入ってるぶん赤子をソフトに支えます。クレーマーになっても大丈夫。

ダッチワイフを使ったおんぶ紐の効用

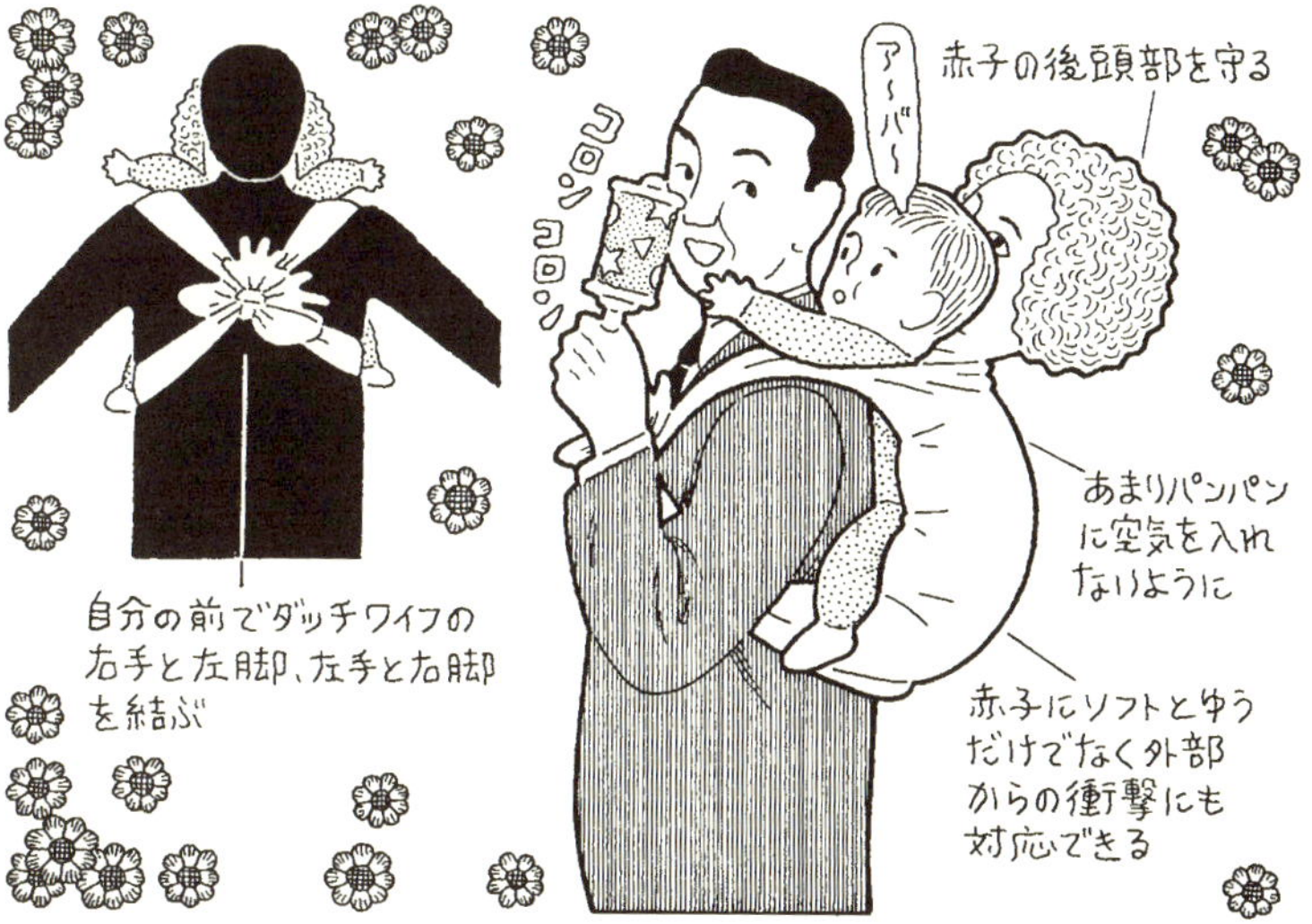
赤子の後頭部を守る
アーバー
コロンコロン
あまりパンパンに空気を入れないように
赤子にソフトとゆうだけでなく外部からの衝撃にも対応できる
自分の前でダッチワイフの右手と左脚、左手と右脚を結ぶ

ローターを持ち歩く彼女への対処法

Question

彼女がローターを持ち歩いているようです。というのも、鞄を倒してしまい、中に入っているのを見つけたのですが、興味があるのか！　と嬉しく思う反面満足してないのか…と複雑にもなり。どういう反応をするのがベストでしょうか。

西宮市・24歳・トイストーリー

Answer

どんなにすごいテクニシャンでもローターの如く陰茎を振動させるとゆうことはできませんわなあ。だから挿入とバイブやローターは別ものと考えた方が良い。とゆうよりキスから挿入に至るまでの性戯の一つとして有難く利用させていただきましょう。「満足してないのか…」と複雑になることはありません。「興味があるのか！」と嬉しく思ってください。

それより複雑になるべきは、彼女がローターを持っているとゆうことより、持ち歩いているとゆう事実でしょう。トイストーリーさん（以下トイさん）と一緒に使うつもりなら内緒にしておくことはないですよね。一人で使うのなら部屋に置いておくはずです。とゆうことは他の男と…とゆう疑惑も生じます。それはかなり複雑になりますが、しかし一人で使う場合も部屋の中だけとは限りません。公的スペースでスイッチオンしてスリルを楽しむとゆうことも考えられます。それだけ性戯に対し前向きであると思えば、これはかなり嬉しく思えますよね。

いずれにせよ彼女のローターは彼女のプライバシーですからトイさんは知ら

ないフリをすべきです。でも知った以上は一緒に楽しみたいと思われるのであれば**御自身でローターを一個買ってください**。それでも言い出しにくいのなら例えば酒とか飲みながら「こないだ先輩の会社で売り出す新商品を試供品でもらったんだけど、使ってみて感想聞かせてって言われて…」とか言って見せてみれば良いんじゃないすか。

それで楽しみ方バリエーションも、とゆう編集部の依頼もあったので考えてみました。

①アナル棒（ってゆうんすか？）も一緒に買ってローターに縛り振動を棒に伝えて直腸を刺激する。

②ローターを口の中に入れて口腔内を刺激。

③ローターを普通に膣内に入れてそれに亀頭が触れるように陰茎挿入。スイッチオンすると男女ともに同じ刺激を得られて一体感倍増かも。その方向でもっと男の方が刺激を強く感じたいとゆう場合はイラストのようなやり方も…。

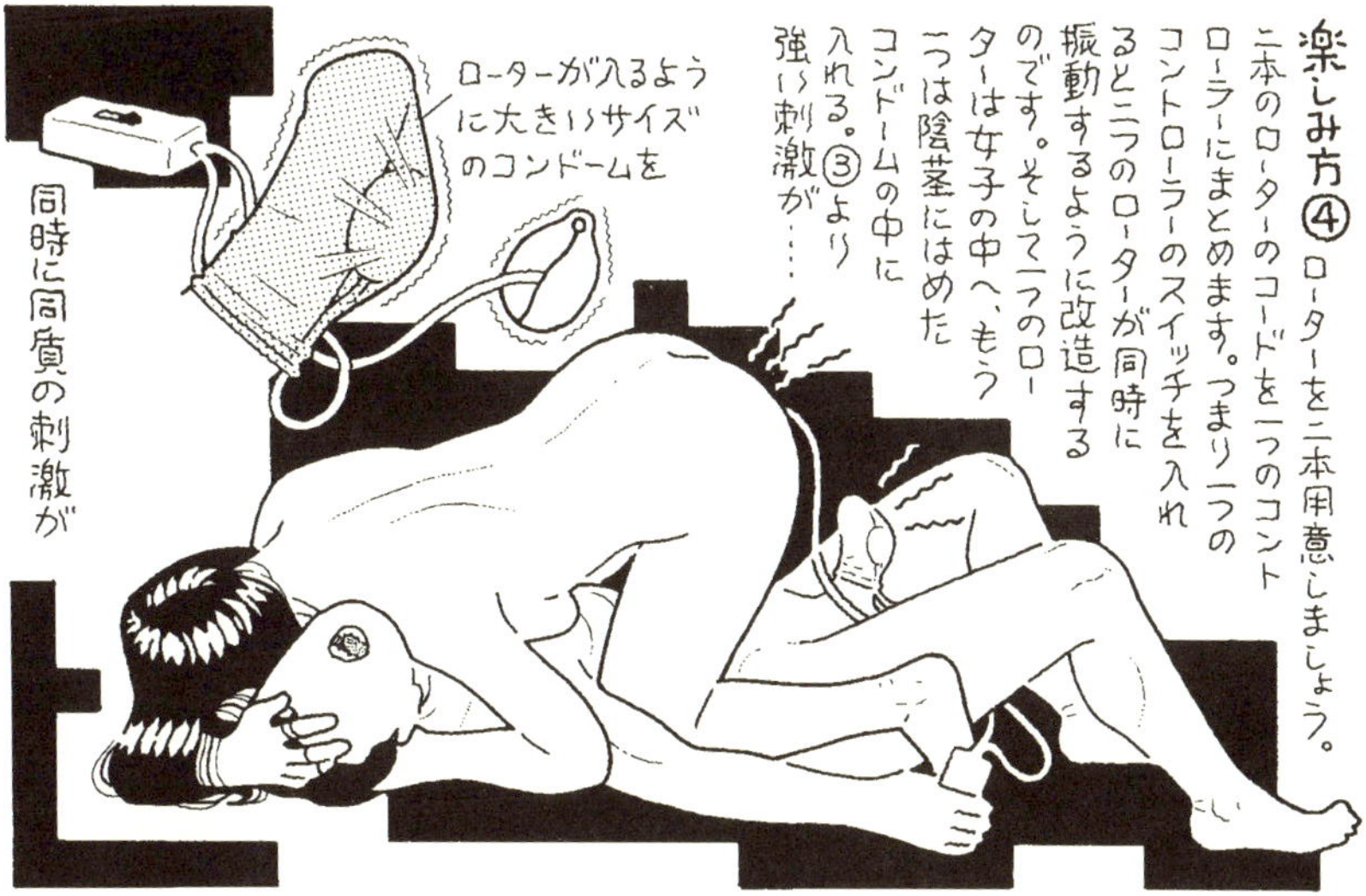
楽しみ方④ローターを二本用意しましょう。
二本のローターのコードを一つのコントローラーにまとめます。つまり一つのコントローラーのスイッチを入れると二つのローターが同時に振動するように改造するのです。そして一つのローターは女子の中へ、もう一つは陰茎にはめたコンドームの中に入れる。③より強い刺激が・・・・
ローターが入るように大きいサイズのコンドームを
同時に同質の刺激が

ボーボー尻毛との素敵な付き合い方

Question

しょーもない悩みと笑い飛ばさないでください。尻毛の茂り方がハンパじゃないのです。夏ならば短パンからびっしりはみ出す毛の山なんて、女子の皆さんには見苦しくてたまらないでしょう。しかし、脱毛するのは男子として潔くない気がします。尻毛とステキに付き合えたら…と思い悩む毎日です。

大阪市・剛田剛毛・32歳

Answer

私の若い頃は毛深い（特に胸毛）男性は男らしいとされ、男ばかりか女まで憧れる人が多かったです。でも今はお祭りのポスターですらセクハラと言われて駅から貼り出しを拒否されてます。時代ですね。だから剛田剛毛さんのお悩みも笑うなんてとんでもない、切実ですわな。

また脱毛は男子として潔くない気がするとゆうのも分かります。脱毛とゆうと何か「エステにいそいそと通う」みたいでいくら時代が変わったと言われても男子として美しい行いとは思えません。

脱毛とかムダ毛処理とかゆうと女性的なイメージがつきまといますが、「毛を剃る」と言えばどうでしょうか。お坊さんは頭の毛を剃っています。俗人も毎日顔の毛を剃ります。女性的どころか逆に男らしいイメージですよね。つまり、**抜かずに剃れば良い**のです。そうすれば例えば剃る部分と剃らない部分のメリハリをつけて髭のように男らしいお洒落を楽しむこともできます。いろんなデザインを考えてあなたにしかできないお洒落に挑戦してみてください。

ただ髭剃りは慣れてる作業でもあり、しかも顔はそんなに深い起伏もないので剃り易いでしょうが、股の間や肛門周辺となるとそうもいきませんね。慣れないと難しい。またちょっとした恐怖心もあります。それなら剃るのでなく切っても良いでしょう。鼻毛用の小さなハサミで短く刈り揃えることができればこれもまた男っぽいお洒落になるような気がします。

自分で剃るのが難しいなら**人に剃ってもらう**とゆう手もあります。剛田さんがSならM女の方に「ほら尻毛剃れ」と剃毛奉仕させます。「仕上げはちゃんと舌できれいにするんだ」とか言って。剛田さんがMの場合は女王様に「まあ、こんなに尻毛を生やして、なんて見苦しいの。剃ってやるから、ほら肛門丸出しにしてごらん」と恥ずかしい姿勢にさせられて剃ってもらってください。どちらのプレイにしろ尻毛がいっぱい生えてるからこそできるのです。いやあ羨ましいなあ。

Mとして女王様に剃毛してもらうのは分かり易いのでSとしてM女に剃毛させる作法を御紹介しましょう。

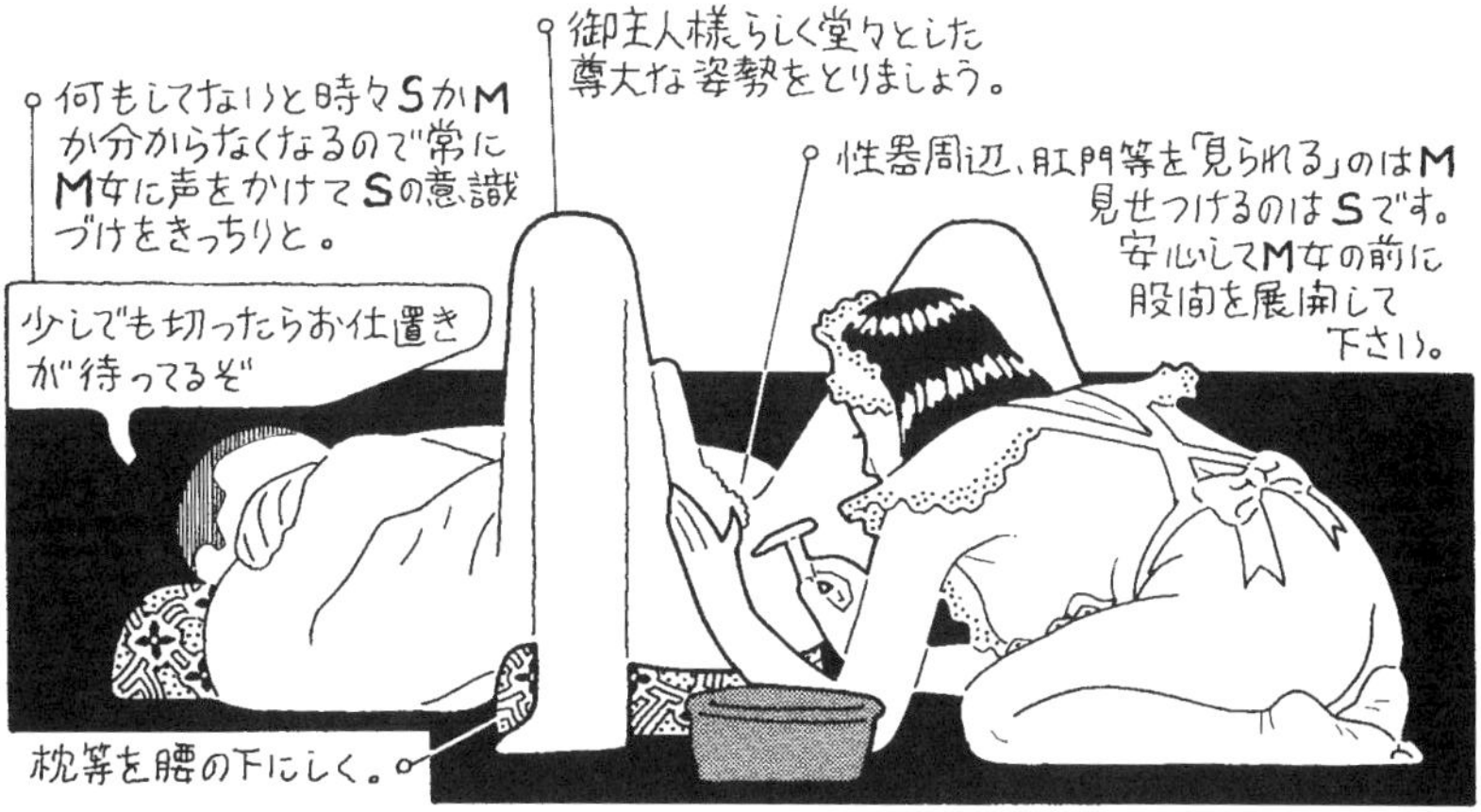
何もしてないと時々SかMか分からなくなるので常にM女に声をかけてSの意識づけをきっちりと。

御主人様らしく堂々とした尊大な姿勢をとりましょう。

性器周辺、肛門等を「見られる」のはM見せつけるのはSです。安心してM女の前に股間を展開して下さい。

少しでも切ったらお仕置きが待ってるぞ
枕等を腰の下にしく。

妻子あるバイの彼氏はホモ？ ヘテロ？

Question

36歳のホモです。41歳の妻子あるバイの彼と半同棲中ですが純然たるホモの僕には「バイセクシャル」が理解できません。女と凸して男と凹するのであればわかりますが、彼は男女問わず凸で愛します。彼は本来、ホモなのかヘテロなのか知る方法はあるでしょうか。

奈良県・大和撫郎・36歳

Answer

私の場合は純然（に近い）たるヘテロなので撫郎さんと同じく「バイセクシャル」は感覚的にまったく分かりません。その意味ではホモ（レズ）もヘテロも片方の性としかHできないとゆう点で同じです。

違うのはHできるのが自分と同じ性器を持っている相手かとゆうところ。男の場合、ホモは男性器しか受け付けない、つまり女性器はとてもイヤだけど、ヘテロの場合は男性器がとてもイヤなわけです。ただこの点においても微妙なズレはあり、ヘテロの男の場合、男性器がとてもイヤと言っても自分の男性器なら許せるわけです。なんだかんだ言っても我が息子は可愛い。㋫しなさいと言われても喜んでしちゃう。ホモの場合はですよ、女性器がとてもイヤだけど自分のだったらイヤではないって自分に女性器付いてないじゃん！　ちゅうことです。男のヘテロの場合、とてもイヤなものが自分の持ち物だったら事情が違ってくるとゆうことがある。

実際に私が中学か高校の頃ですが、必死で前屈きめて自分のチン○を㋫できないものかと何度もトライしたことがあります。結局、亀頭の先を舌で舐めることすらできなかったのですが仮に私がとても柔軟で見事㋐ができたとしましょう。その場合㋐している私の口は、私がヘテロである以上は女にならなければならない。普通にオナニーしている時でもチン○を握っている手は女にした方が都合が良い。想像の中で男女の二役を演じるとゆうことは自分の中の半分を女に変身させてるわけです。半分がイケルなら丸々変身させて挿入される快楽も味わえるはずですが、残念ながらそれでもバックから責めるのはペニバン付けた男役の女性でなければならない。ただ擬似的ではあっても挿入される時は凹の快楽を得ようとするわけです。

撫郎さんの彼の場合、あくまで凸にこだわるとゆうことは相手が女役の男であろうが肉体としての女としての女であろうが関係ない。これは男の性欲のモチベーションとしてかなり素朴な「**征服欲**」かもしれません。だから男を凹にすることでより大きな征服欲が得られるとも言えます。彼は肉体的にはバイでも精神的には強烈に男のヘテロでは。

御相談の原文では彼があなたと彼の奥さんとで３Ｐしようと言い続けてるがあなたは女性器が恐くて断り続けてるとか。そこで彼を動けない様に縛っておいてあなたと奥さんと二人で彼を責めるとゆう条件付きでＯＫしてはいかが？彼の性欲が征服欲とゆう土壌に支えられた男のヘテロなら征服されるセックスは耐えられないはず。マゾ的な形でも感じてるなら単にチン○の刺激にこだわってるだけの純粋バイといえるでしょう。

奥さんやあなたの凹を使うより手の方が被征服感を彼に与えられそう
二人で同時に責めるのも良いが一人に責められてもう一人にそれを見られるとゆうのも被征服感大。

女子の質問

Hがキライなのに誘われると断れない

Question

Hがキライなんです。でもキライや言うてるくせにナンパされたらラブホ行ってしまってヤッてまう。「ヤッたらあかん、あかん」と思っているのにどうしてなんでしょうか。いつもすごく後悔して一人で泣いたりします。彼がいる時もそんな感じでフラフラしています。

奈良市・キティちゃん・20歳

Answer

原文では「とりあえずイタイ」のでHがキライと書いておられます。そこでHの学校としては、痛くなくなれば気持ち良くなるわけで、気持ち良くなればHが好きになる、だから痛くないHのやり方を考えるのが基本的回答となるのでしょう。でも御本人がキライやと仰ってるのに「イヤイヤあんな良いものキライキライで知らないままでいるのはもったいない、教えてあげるから痛くないようにガンバってみなさい」と強要するのもオヤジ臭くてやらしいですよね。それに「キライや言うてるくせにナンパされたらヤッてまう」とゆうのはHの問題ではなく、あなたの生き方自体に根本的な欠陥があるように思われます。Hはその問題の中の一つの事例に過ぎない。「彼がいる時もそんな感じでフラフラしています」と仰る「フラフラ」とゆうのはつまり自分のしたいことができない、そしてしたくないことをやってしまう、自分の希望を通すことができないとゆうことでしょう。「後悔して一人で泣いたり」するのもフラフラしてる自分が情けないとゆうより悔しいからだと思います。相手の希望を尊重して合わせてるのに、相手は感謝するどころか文句言ったりする。ナンパしてきた男があんまりHしたいしたいと言うから聞いてやったのに感謝するどころか、本当はスキなくせにかっこつけるなみたいに思われちゃうとか、あるいは逆に痛いからHが全然盛り上がらないのをあなたのせいにされてマグロ呼ばわりされるとか。

分かります。あなたは良い人なんです。私も良い人なので分かるのです。今の世の中、老いも若きも男も女も自分のことしか考えない。己さえ良ければ良いとゆう人間ばかりです。そんな世の中であなたは先ず自分を抑えて相手の希望を聞いてあげようとゆう人なのです。でもその思いやりが仇《あだ》になる。自分の希望を言わないおまえが悪いみたいな。そおゆう時代です。だから良い人は辞めて我《わ》が儘《まま》女になれと言っても人間は慣れの生きものですから急には変われません。だから少しずつ自分を出すようにしましょう。ナンパされても**最初に「Hはしない」と意思表示**すれば仮に押し切られて盛り上がらないHをしたとしてもあなたのせいにされることはないでしょう。

少しずつ我が儘を言うとしても慣れてないと最初はやっぱり難しい。そこで口に出して言わなくても相手に分かるように工夫しよう。

そのTシャツ面白いね
マジなんですコレ
それで良ければつきあいますよ
NO SEX

成人映画館で思う存分に鑑賞したい

Question

ＡＶよりもピンク映画の好きな26歳女子です。成人映画館に入りたいのですが、やっぱり女子が入るのはマズいでしょうか。それから、やっぱりお年頃（…）なんで、痴漢も心配です。どうすればさりげなく、映画鑑賞に没頭できるでしょうか。

京都市・リエコ・26歳

Answer

私の若い頃にもピンク映画好きな女の子がいて二人で観に行ったことがありました。それも終夜興行で。特にピンク映画とゆうのでなく映画全般の愛好者でしたが、随分勇気のある娘やなあと思ったものです。何かあったら自分が守らなければとゆうのでこちらの方がドキドキして落ち着かなかった記憶があります。

男の私がそんなふうでしたから、リエコさんが一人で成人映画館に入るとゆうのは不安だったり「年頃の娘が」とゆうこともあるでしょう。また私なんぞが一人で成人映画観てる女子なんか発見すると「イイネイイネ」と思うくらいですが、世の中には「そおゆうの好きで観に来てるんだからヤルのはもっと良いだろう、俺がヤッてあげちゃう」と思いきり自分の都合の良いように考える男も多いですから、案ずるより産むが易しなんて無責任なことも言えません。無論先鋭的な文化を片方の性が独占したままで良いなどとは絶対に思えない。それでマー当たり前の答えで申し訳ないですが、同好の士を募ってワイワイ行くのが良いでしょう。三人くらいいたら不安も恥ずかしさもかなり薄れます。

男だってフーゾクに入るのに一人より二人の方がずっと入り易い。でもフーゾク好きな男はゴロゴロいますが、ピンク映画好きな女子って少ないですよね、今でも。てゆうか昔の映画好き女子の方がピンクもベルイマンも分け隔てなくどんどん観てた。今は自称映画ファンとゆう女子は数多いけど中身はどうもね。弱ったな。

それでまたまた普通の答えですみませんが、なるべく色気のない服装をして行きましょう。世の中にはやっぱりいるんですよ、「ミニのタイトや下着みたいな服を着て男を刺激してそれって誘ってんじゃん、ちゃんと誘いに乗ってやってんだから礼の一つも言ってもらいたいもんだ」と全力で自分に都合の良い解釈をする男が。ところで編集部の補足ではいちばん好きな監督は石井輝男とか、面白いですよね。でも**ピンクと言えば若松孝二。日活時代の神代辰巳も良かった**。最近はピンク映画やロマンポルノの名作とかビデオ化されてたりするのでそおゆうのもお薦めです。

色気のない服装って具体的にどおゆうのかっつうとやっぱりジャージでしょうね。町工場ふうの作業服とゆうのもOK。山登りから帰ってきたって感じも良いです。山では三日間くらい風呂入れないから。ただ汚なきゃ良いかとゆう問題ではない。やぶれてるとか汚れてると言っても流行入ってると微妙に若者の色気が出てしまうので注意。

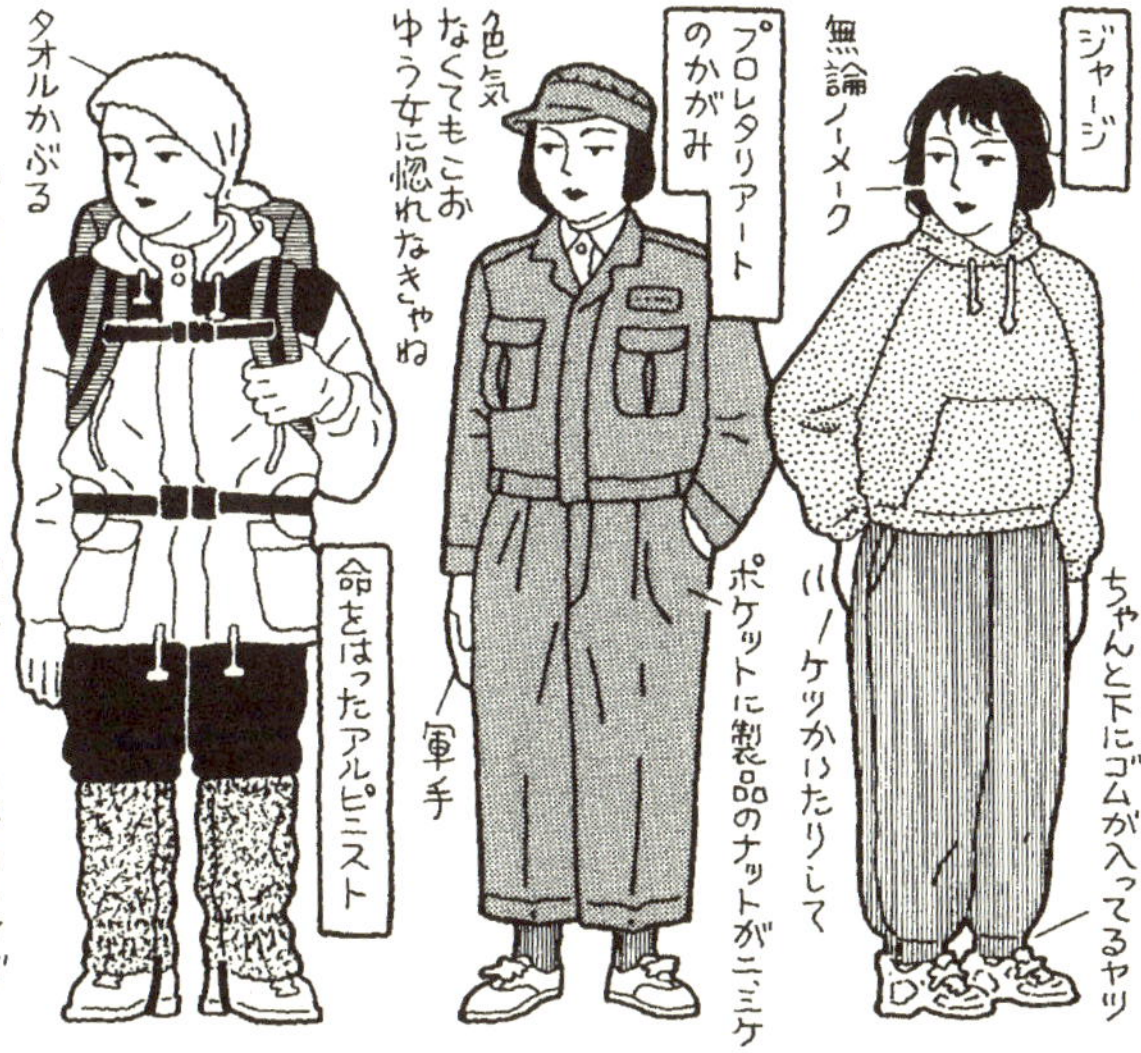
ジャージ
無論ノーメーク
ちゃんと下にゴムが入ってるヤツ
ケツかいたりして
プロレタリアートのかがみ
色気なくてもこおゆう女に惚れなきゃね
ポケットに製品のナットが二三ケ
軍手
命をはったアルピニスト
タオルかぶる
かえってワル目立ちするやんけとゆうのはあるけど

男性に耳元で話されるとゾクッとする

Question

結構クラブに行く方なんですが、爆音の中で男性に話しかけられる時、必要以上に耳元で話しかけられることにドキッ、ではなくゾクッとします。顔の好みにかかわらず、想像力が膨らんで、もうこの人でもいいかも…という気に…。

京都市・27歳・耳をすませば

A nswer

言われてみれば「耳打ち」というのは公衆の面前で行える唯一の性戯かもしれませんね。だから耳をすませばさんのようなケースも全然考えられないわけではない。実際男だって女に耳打ちする時は微妙に気を遣います。セクハラと思われては心外ですから。いやちょっとだけ嬉しかったりする可能性が心のずっと隅っこでまったくなきにしもあらずでありまして、マーだから余計気を遣うともいえます。でも気を遣っても耳をすませばさんのようにソノ気になってもらえれば男としてはラッキーですよね。男がラッキーとゆうことは耳を～さんの方は少し心外なわけで、耳を～さんも受けるばかりでなく好みの男を引きつける為に積極的に耳打ちを利用しましょう。

どおゆう風にやるかというと当たり前の答えですみませんが、やっぱり耳打ちしながら体の一部が男に触れたりするのが良い。二人の距離感を飛躍的に縮めますし、接触に気がつかないほど一所懸命伝えようとしている健気さや可愛らしさも表現できます。例えば**おチチの先が男の腕に当たる**とか。無論軽くですよ。壁際に追いつめて長時間フルパワーで押しつけるのは控えましょう。

逆に好きでもない男に誤解させない耳打ちとはこれまた単純ですが、男の体には指一本触れない。てゆうかできるだけ体を離したいです。でもそれでは声が伝わらなくて意味がない。そこでメガホンを使います。ただ持ち歩くのがちょっとね。確かに。そんな時はトイレットペーパーの芯を代用するとゆうのはいかがでしょうか。これなら携帯に便利ですし小さくてワル目立ちしないですよね。

きっかけづくりだけでなくエッチでも耳打ちを有効利用したい。正常位の時は挿入しながらも耳打ちできますが、騎乗位やバックのように顔が離れてる時は無理です。そおゆう体位でも耳打ちできるように細いビニールホースを常備しておきましょう。その端を男がくわえ、もう一方の端を女が持って自分の耳のそばへ。男が息を吹き込んだらその風で女の耳が刺激される。お試しください。

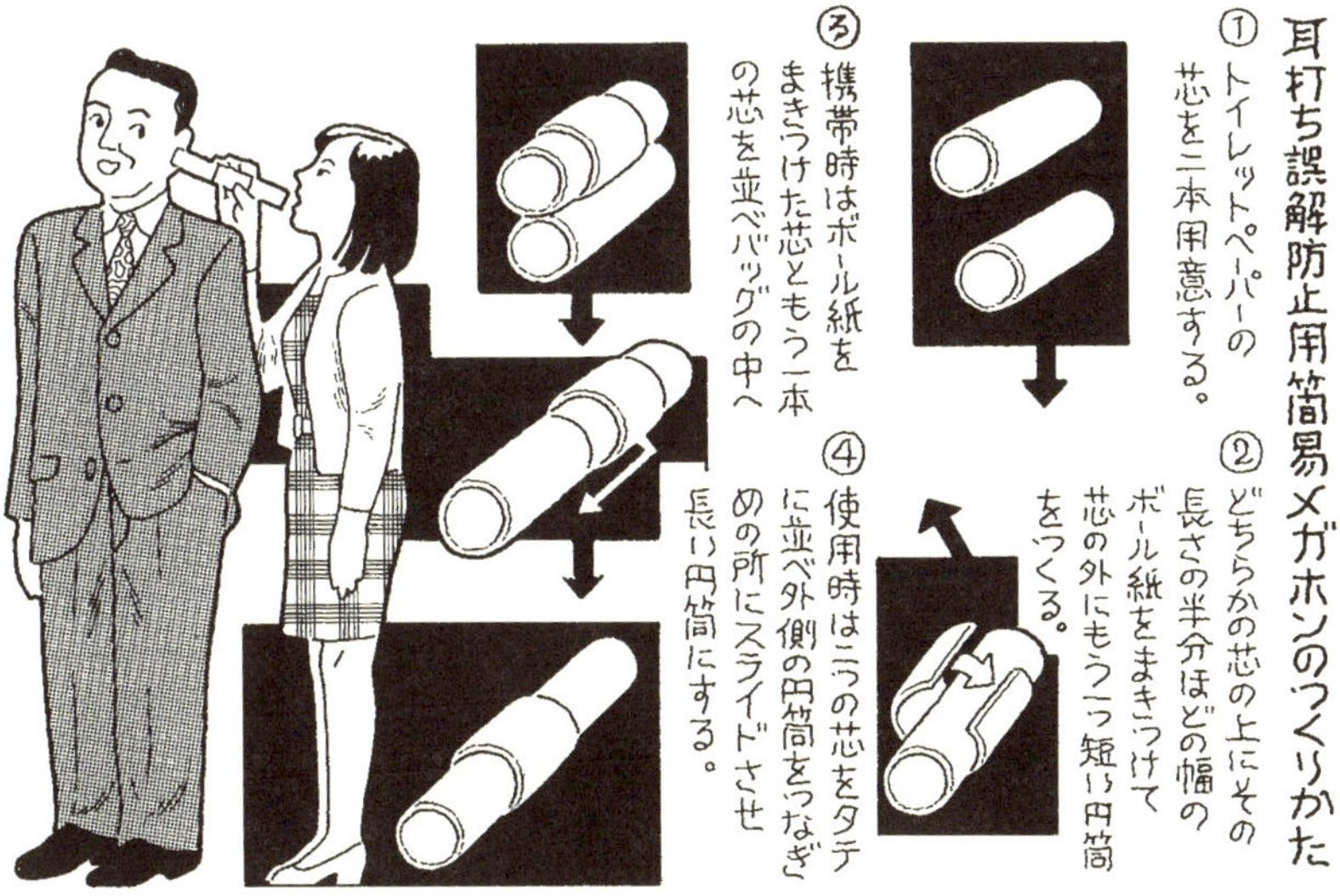
耳打ち誤解防止用簡易メガホンのつくりかた
①トイレットペーパーの
芯を二本用意する。
②どちらかの芯の上にその
長さの半分ほどの幅の
ボール紙をまきつけて
芯の外にもう一つ短い円筒
をつくる。
③携帯時はボール紙を
まきつけた芯ともう一本
の芯を並べバッグの中へ
④使用時は二つの芯をタテ
に並べ外側の円筒をつなぎ
めの所にスライドさせ
長い円筒にする。

寝ながらアソコをかく悪癖の対処法

Question

先日、彼に「オマエ寝てるときアソコをポリポリかきむしってたぞ」と告げられてしまった。振動が伝わってくるので目を覚ましたら無意識にかいてたそう…ショックです。幸い彼は「ひとりHじゃなくて良かった」と言ってくれたけどこういう悪癖はどう対処すべき?

西宮市・ポチ子・24歳

Answer

かきむしってたところがデリケートな場所だけに医学的なことは分からないのですが、目が覚めたら血だらけだったとか化膿してるとかゆうことではなさそうですね。そおゆう姿を彼に見られたくないとゆうことですわな。いやそれは良い心配をしておられるとゆうか、良い点で悩んでおられるとゆうか、マー言い方は変ですがとにかくあなたは偉いです。

どおゆうことかと申しますと、男女の交際期間がある程度長くなると、女性であっても最近はそおゆうことを気にする人が少なくなってきてる。何故なら女性の多くは相手の男を知れば知るほど好きになっていくからです。他人度が減って家族度が増すにつれて好きになっていきます。他人度が減る、家族度が増すとゆうことは、他人には見せないようなみっともない姿も気にせず見せる。そおゆう親密度を確認することによって相手への思いを深めていくとゆう側面を女性は持っていそうです。無論その「みっともない姿」とゆうのはその女性の価値観と美意識の範囲内に限られてはいるのですが、とにかく他人同士の緊張した関係ではなくユルイところを見せ合える関係の中で性生活があると幻想してしまう。だから自分も男にユルイ姿を見せても関係が深まりこそすれ遠のくことはないと思ってしまうのかもしれません。

でも現実的には、多くの男は逆の感覚で相手を見ています。**緊張感のある他人同士の関係の中で、相手にオンナを感じる**のです。いつも言ってることですお互い目の前でアソコや尻をボリボリかいたり、口に手もあてずゲップしたり、片尻を持ち上げて放屁したり、そおゆうのは安らいだ家族の関係であって、男にとっては男女関係の対極にあるものです。だからあなたがアソコポリポリの悪癖をなんとかしようと努力されるのは、彼とのＨ関係を続ける上においてとても大切なことであります。ただ、どうも私にも良い対処が思い浮かびません。

とりあえずイラストで説明させてもらいますが、なんだかありふれた答えですみません。

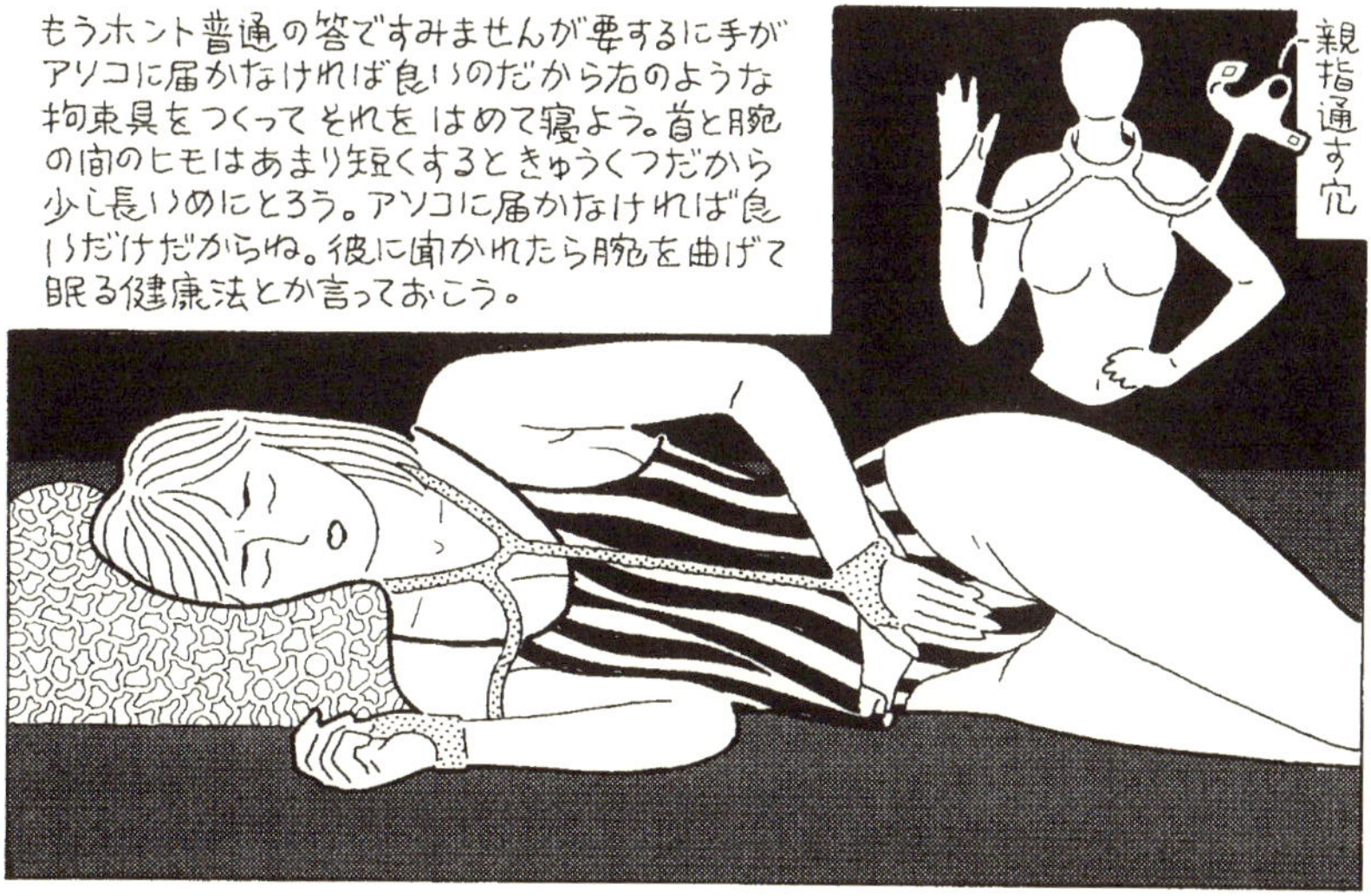
もうホント普通の答ですみませんが要するに手が
アソコに届かなければ良いのだから右のような
拘束具をつくってそれをはめて寝よう。首と腕
の間のヒモはあまり短くするときゅうくつだから
少し長いめにとろう。アソコに届かなければ良
いだけだからね。彼に聞かれたら腕を曲げて
眠る健康法とか言っておこう。
親指通す穴

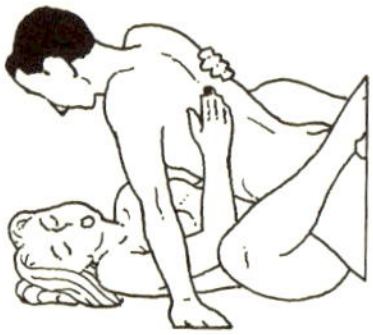

彼氏にレディコミが見つかった時の言い訳

Question

レディースコミック愛読者です。結構というかかなりHなのが好きなので彼にバレないように隠してるの。何気に「レディコミのHなやつ、面白いみたいよ」って言ったら「欲求不満なんか?」って。自分だってAV見るくせに。彼に見つかった時の巧い言い訳を考えときたい!

吹田市・OL・22歳

A
nswer

22歳の若い女子に「欲求不満なんか?」なんて言う無神経で発想が貧困な男とは別れなさい、と言いたいところですが余計なお世話ですよね。欲求不満かと言われたら「あなたのセックスではね」くらいは言ってみたら? え? それも余計なお世話? そうですよね、巧い言い訳でしたね。でも私としてはですね、姑息《こそく》な言い訳なんかじゃなくてここは是非あなたに、彼や彼に代表されるような世間の女に対する認識と正面から闘ってほしい。「自分だってAV見るくせに」と思ってらっしゃるなら愚痴じゃなくてマジで考えてみてください。

どうして男がAV見るのが許されて女がレディコミ見たら欲求不満になるのでしょうか。女が性的に楽しむとしたら特定の一人の男に対してのみ股を開くことしかないのでしょうか。男はいろいろ楽しんでも良いけど女は駄目とゆうのは戦前の男社会の生活基準です。そおゆうものをあなたが彼に許しているなら仮にレディコミについては巧い言い訳が見つかったとしても、その他すべての楽しみを規制されるとゆうことになりかねません。彼や世間に立ち向かうためには先ず**あなたの意識改革が必要**でしょう。無論それはあなた一人に求められるものではない。

私は先日そこそこキャリアのあるレディコミ作家とお話ししたのですが、レディコミはどおゆう人達が読むのかとゆう問いに対する彼女の答えに少し失望しました。こおゆうこと（セックス）する相手のいない人とか、彼とのセックスに疑問を持ってる人達と仰る。女の性を解放する一翼を担おうかとゆう人が「欲求不満なんか?」と吐き捨てるあなたの彼と同じ御意見とは淋しい限りです。テレビ番組だったので即答しようとして無理なさったのかもしれませんが、とにかく意識改革は世間の男達より女達の方に先ずは求められるべきかもしれません。

最後に一応「言い訳」の方法も一つ。レディコミと一緒に『**ガロ**』とか『**アックス**』とかの濃ゆい雑誌も置いとく。特に**根本敬**さんや**菅野修**さんの本とか良い。インパクト強すぎてレディコミのHの印象がかなり薄らぐでしょう。よろしければ私の本も二、三冊買っといてください。

レディコミ作家
ヌチュ
ヌチュ
ジュルジュル
チュパチュパ
ヌプヌプと……

言い訳その②「わたしレディコミ作家になる!」

と彼に宣言しましょう。レディコミ作家を目指す女子の部屋にレディコミがあるのは当然。道具とか揃ってないとバレルのでは?とゆう心配なら大丈夫。マンガ家の道具は安いものばかり。ケント紙(B4)と黒インクペン軸とペン先(丸ペンとGペン)ベタ用筆、定規、カラスぐち(ロットリングでも可)それにスクリーントーンなんかあると雰囲気ですね。ロフトとかハンズの画材売場に行けば全部揃います。

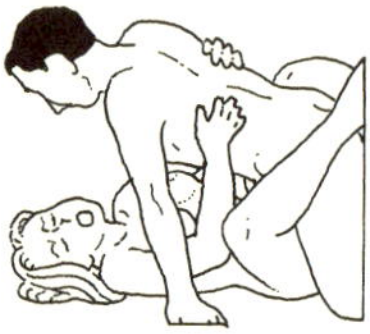

幼少時に見た、父の巨根がトラウマ

Question

小さい頃、お風呂で見た父親のアソコをずっと標準サイズだと思っていましたが、オトナになってどうも父はいわゆる巨根だと気づきました。今までHした男性は全員それ以下で、「あのデカさこそホンモノ」がアタマを離れません。これじゃあ相手にも悪いし、ワタシ自身も不幸です。

大阪市・カオリ・30歳

Answer

ビジュアルとしてカオリ・30歳さんのお父様が巨根で今までのH相手の男性が全員それ以下だったとしてもですよ、それでは今までのHの中でカオリ・30歳さんは常に挿入感においても物足りなさとゆうかゴソゴソ感を感じておられたのでしょうか。御質問の原文で「その考えがアタマに深く根付き、離れません」と書いておられますね。挿入感がゴソゴソでどうしようもないとゆうことであれば、お父様の巨根とは関係なくカオリさん自身のカラダの問題として悩まれたはずですわな。そうではないとゆうことはあなたの体験してこられた挿入はメッチャええものではないにせよひどいものでもなかったはずです。ただお父様の巨根を思い出す度になにやら美味しそうに思えてくる。

でもカオリさんはお父様とHしたことはない（ないですよね？）とゆう事実を忘れてはいけません。良いかどうかは分かりません。カオリさんがお風呂で見ていたそれはダラリンと垂れ下がっていたはずです。そおゆうことは勃起すればさらに大きくなる。そおゆうものを普通サイズの女性の膣内に押し込んだら痛くて気持ち良いどころでないかもしれません。昔、潮吹きとゆう特技で一部マスコミを賑わせたクボゾノ某なる女性が巨根に憧れる男たちに言ったことがあります。**飴玉だって口いっぱいに頬張ってしまえば味も何も分からない。**飴玉を充分に味わうには適度な大きさこそ必要。デカけりゃ良いとゆうものではないのですと。

カオリさんがこだわっているのは勃起してない状態の巨根です。例えばミケランジェロのダビデ像を思い浮かべてください。あの股間に巨根がぶら下がっている姿こそカオリさんにとって究極の美しさとなるのではありませんか。つまり巨根とはホリの深いあるいは端正な顔立ちとか厚い胸板とかバランスのとれた全体像とか、そおゆう良い男の条件の中の一つであってHの道具として優れているとゆうこととは別に考えた方が良いでしょう。マー極太のバイブ買ってきて試してみるのも一案ではありますが。

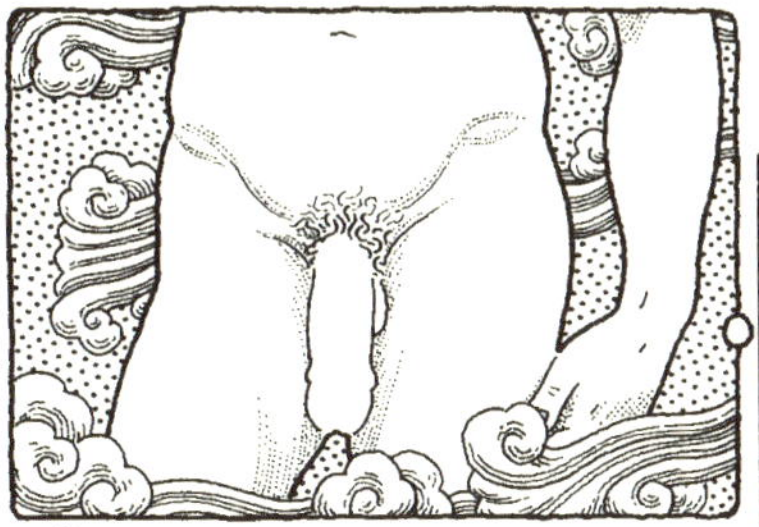

昔のギリシャ哲学では人間の経験界の上にイデアとゆうものがあってこれは現実の世界に対し理念や規範となる形而上的本体とされていました。カオルさんがホンモノと信じる巨根とはこのイデアと思えばよろしい。イデアは人間の経験界には存在しません。現実のエッチはそれとは別に楽しむ。

これはHの道具としての現実とゆうことで
マーあれはイデアだし

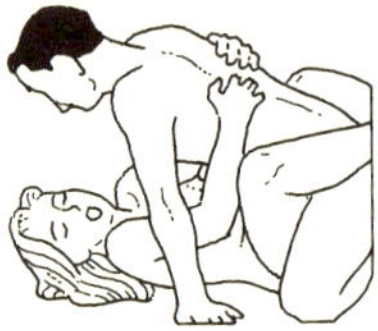

三十路過ぎた女のカラダの魅力は？

Question

28歳で彼と別れて以来フリーです。言い寄ってくれる男性はいますが付き合う気になれません。Hが怖いんです。男の前で裸になるのが怖い。お腹や二の腕もたるんできたし、自信がない。先生は30過ぎた女性の体の良さってどんなところだと思われますか？

大阪市・OL・32歳

A
nswer

四、五年前くらいからでしょうか、熟女ブームとゆうのがあって一時のことかと思いきや供給側の事情も手伝って今や定着した感すら認められます。その理由のいちばんは「癒し」を求める世間の風潮と時機良くシンクロしたことでしょう。若い娘と違って熟女は「やらせてやる」とゆう高飛車なところがない。**男にプレッシャーを与えない**。これが精神的側面です。これは私一人がそう感じてるとゆうのではなく普遍的に誰もが認める意見です。亀の甲より年の功。若い娘より熟女がその点で優れているのは当たり前と言って良いでしょう。

一方で肉体はどうか。あなたの仰るように熟女が娘に勝てるところがあるか？　残念ながらここからは私一人の意見になります（マーいつも大体そうですが）。あなたが原文で書いておられる「若い時のようにハリとツヤ」では確かに負ける。しかし世の中には負けるが勝ちとゆうか災い転じて福とゆうこともあります。人間、特に女性の体とゆうものはハリとかツヤのある若いうちは大体似たような形をしているものです。無論やせ型か肥満の違いくらいはあるでしょうが中間の体はどれも大差ない。ところが30過ぎた女性の体は肌のハリとツヤが失われることによっていろいろなその人なりの崩れ方をしてきます。**熟女はハリとツヤを失うことによって体の個性を獲得する**のです。

どれも同じような若い娘の体を見飽きた男にとってはこの個性ある体とゆうものがなかなか良かったりするのであります。若い娘の体を見飽きた男…とゆうのはプレイボーイとゆうことではないですよ。そんなにモテる男でなくても今の世の中普通に生きてれば雑誌のグラビアやビデオ、テレビ番組でさえ女子の裸を日常的に目にします。そして当たり前のように見ることで娘の裸とゆうものが特に隠されたものでないような幻想を持つようになる。ここでまた熟女の体が有利になるのです。熟女ブームと言ってもお茶の間に流れるテレビ番組に登場する裸と言えばどうしても若い娘になります。熟女の裸は滅多に出てこない。だから珍しい貴重なものになるわけです。これはあなたを慰めているのではなく僕の率直な意見です。

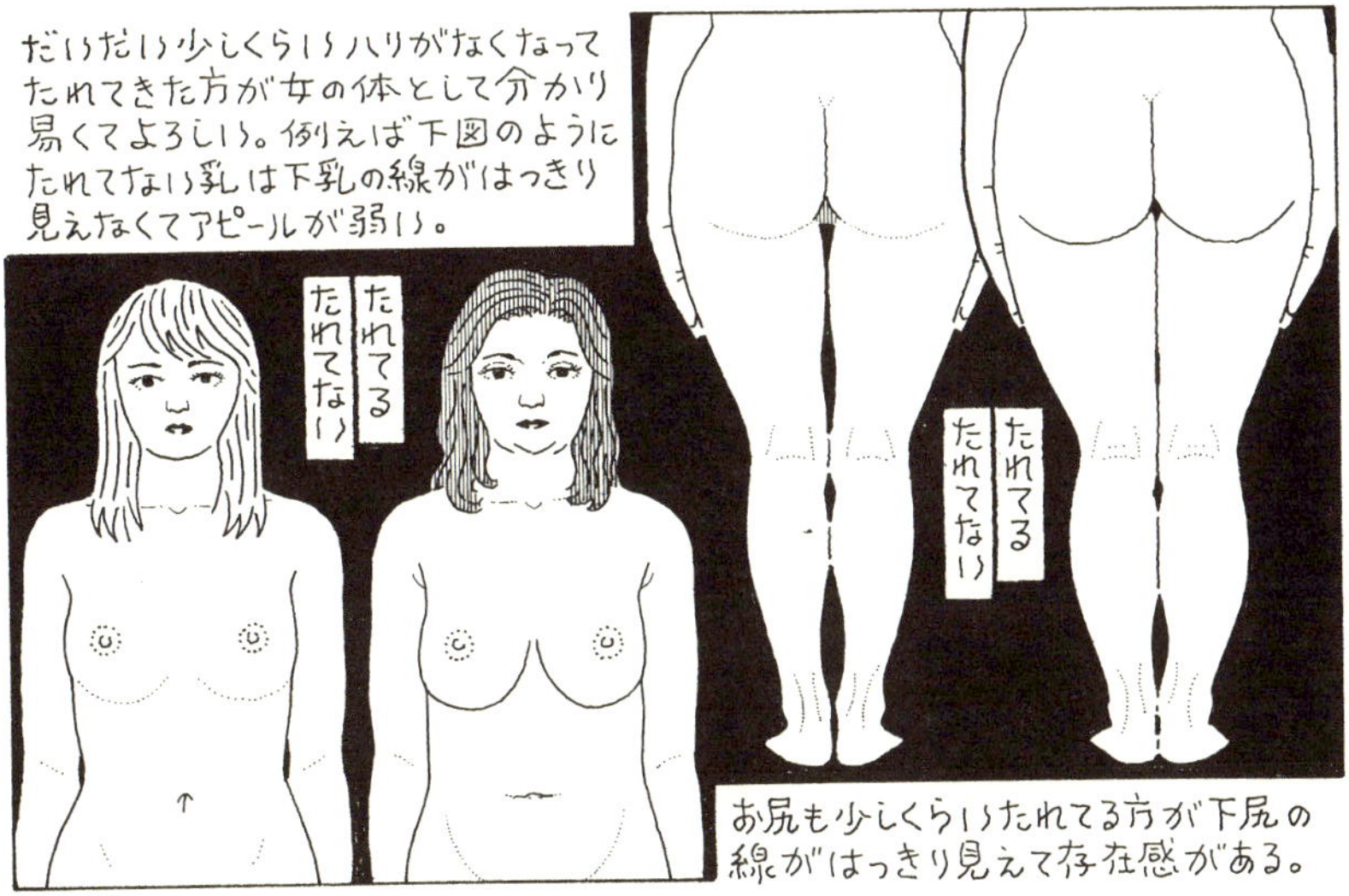
だいたい少しくらいハリがなくなってたれてきた方が女の体として分かり易くてよろしい。例えば下図のようにたれてない乳は下乳の線がはっきり見えなくてアピールが弱い。
たれてる
たれてない
たれてる
たれてない
お尻も少しくらいたれてる方が下尻の線がはっきり見えて存在感がある。

前の彼氏とのセックスが恋しい

Question

前の彼と別れて数カ月、新しい彼氏ができました。でもセックスは、断然元カレのほうが良かったんです。ウマが合うっていうのか。一方の今の彼は、顔も性格も元カレ以上に良くって、別れたくはない。そのうち今の彼のセックスに慣れるもんでしょうか。

大阪市・アサミ・25歳

A
nswer

人間は慣れる生きものです。慣れて刺激がすり減ってしまうこともありますが、逆に未知の異質の刺激に抵抗を感じても、それに慣れることでその奥にある快い刺激を引き出せるようになることもあります。そして多くの**女性の性欲は学習型**です。男は童貞の時から強い性欲を持っていますが、女性は性行為を繰り返すことにより少しずつ欲求を獲得していく。抵抗感のある刺激に慣れていくことでその奥の快い刺激を感じるようになっていくのではないでしょうか。

元カレとはいちばん最初のセックスからすごく良かったのでしょうか。そうだと言われちゃうと私もこの後、書くことがなくなってしまうのですが、基本的にここはこう舐めてそこはこおゆうふうにつまんでと打ち合わせしてやるものではないだけに多少の期待はずれはあるものです。

しかも現在の彼には、あなたの性的感受のキャンバスに元カレの描いた絵が5ミリぐらい厚塗りで完璧に描きつくされているとゆう不利がある。あなたが元カレとセックスし始めた頃、あなたの性的感受キャンバスに残されていたその前の彼の絵は下描き程度の簡単に消せるものだったのではないでしょうか。だとすれば現在の彼にとっては不公平とゆうものです。直しようのないほどしっかり完成している元カレの絵の上に現在の彼の筆を重ねていっても、あなたの気に入る絵にならないのは当然かもしれません。

現在の彼のセックスが明らかに自分勝手すぎるとかイヤなことを強要されるとゆうのであれば問題外です。そうでないならとりあえず元カレとのセックスは忘れましょう。あなたの**キャンバスを真っ白に戻して現在の彼とのセックスをイチから学習していく気持ちが肝要**です。

ただこれは飽くまで理屈です。御相談文の中だけの情報から恣意的に予想した結果の拙《つたな》い参考意見であります。現実に女の体を持った経験のない私に明言はできませんし、仮に私が女であってもこおゆう問題は人様々です。でも一つ付け加えるとすれば、慣れるためには慣れるように準備することも必要かと思います。

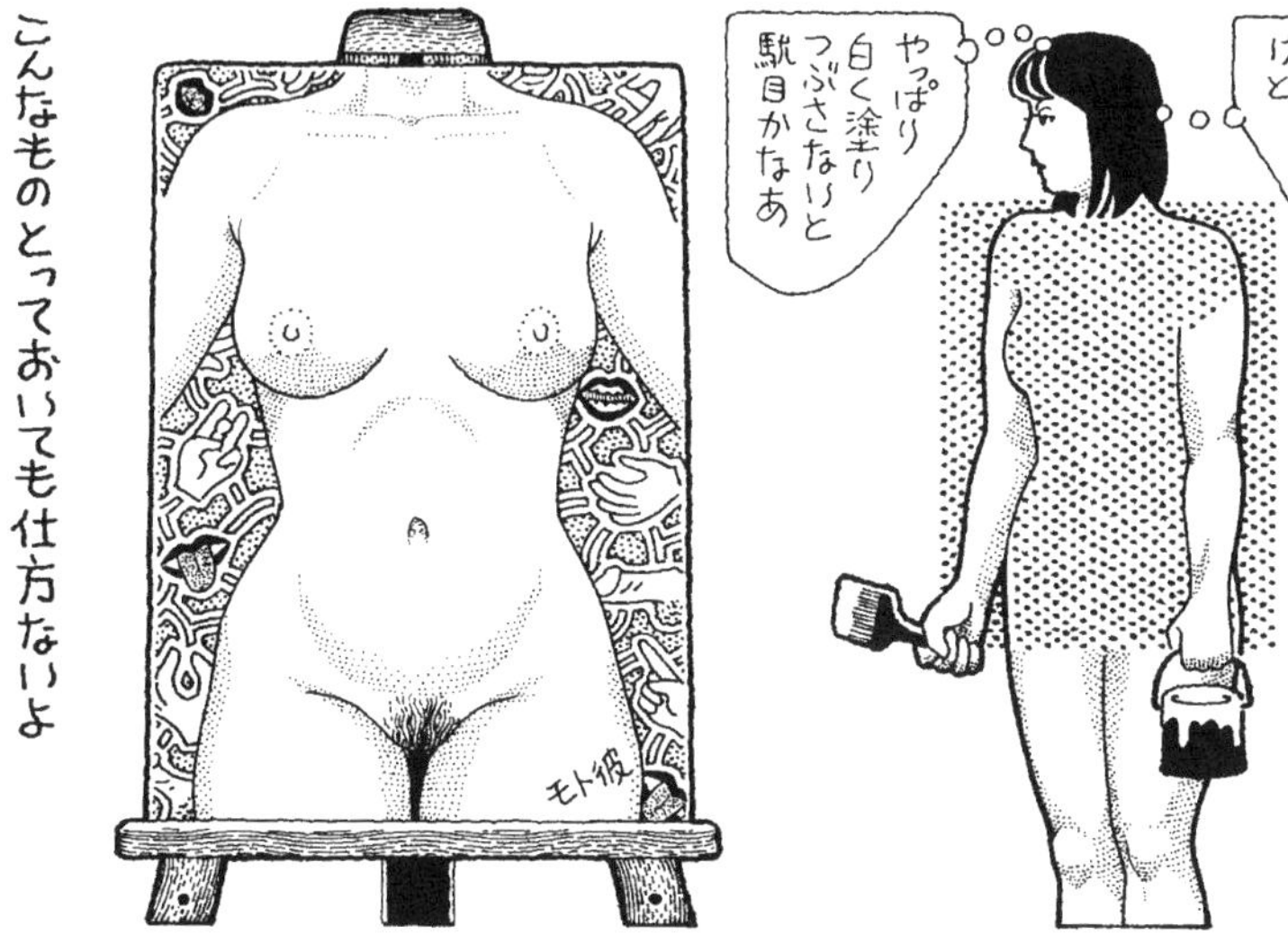
けっこう良い出来だったけど
やっぱり白く塗りつぶさないと駄目かなあ
モト彼
こんなものとっておいても仕方ないよ

8歳年下の男子と久々の再会にドキドキ

Question

実家の近所の8歳年下の男の子が大学進学で大阪に来ることになり、7年ぶりに会うことにしました。久々に電話で話すと男の人の声でびっくり！　しかも18歳の男の子に名前で呼ばれてときめいてしまいました。さぁこれからわたしの気持ちどうなるのかしら。

大阪市・愛媛のイヨカンいい予感・26歳

Answer

毎度言っておりますが私の「家族論」によりますと女は家族とセックスしたがる生きものです。日本の封建体制が崩れて60年、最近はそうでもない女性もちらほらおられるようですが多数派はまだ家族とセックスしたい女性が占めていると思います。家族とゆうのはつまり配偶者、夫の意味ですがそれは要するにその女性がよく知っている男とゆうことです。他人とはしたくない。

あなたの周囲の男をセックス可能者とセックス不可能者に分けると「実家の近所の8歳年下の男の子」は前者に分類されます。原文では7年近く会ってないとゆうことですが子供の時を知っているとゆうのは現在顔をあわせている男子よりもよく知っているような幻想にとらわれるものです。それにメールのやりとりはあったとゆうことですからこれは同じマンションで時々顔をあわす男なんかに比べるとものすごくよく知っている男子といえるでしょう。それが今までは子供のビジュアルしかなかったとゆう理由でセックス可能者の範疇《はんちゅう》に入ってなかったのが今度は大人の体を持ったオトコとして登場するわけですから、一躍セックス可能者の中心に躍り出るといっても良いでしょう。あなたも言外にそおゆう理屈を感じておられるからこそ○○○ちゃんとか名前で呼ばれてときめいてしまうのではないでしょうか。肉体関係に発展する準備は充分に整っております。

是が非でもそうなれとゆうわけじゃないのですが18歳の男の子から見ればあなたは大人の女。しかも愛媛の頃の近所のおねえちゃんしか知らない彼にとって今のあなたは大阪でヒトカワむけたHっぽいおねえさまだったりするでしょう。性欲ではほぼピークといって良い健康な男子が求めないはずはない。彼が求めればあなたの方は準備万端。それで肉体がそうなると関係ができる。さ、そこですわ。

昔から**熟女にはツバメ、オヤジには若い娘**とゆう組み合わせで体が合うようになってます。あなたは熟女ではないが8歳年下の彼とは性欲的につりあってます。しばらく関係は続くでしょうがそれだけに**「愛」の幻想**なんかに取り憑かれないよう注意しましょう。

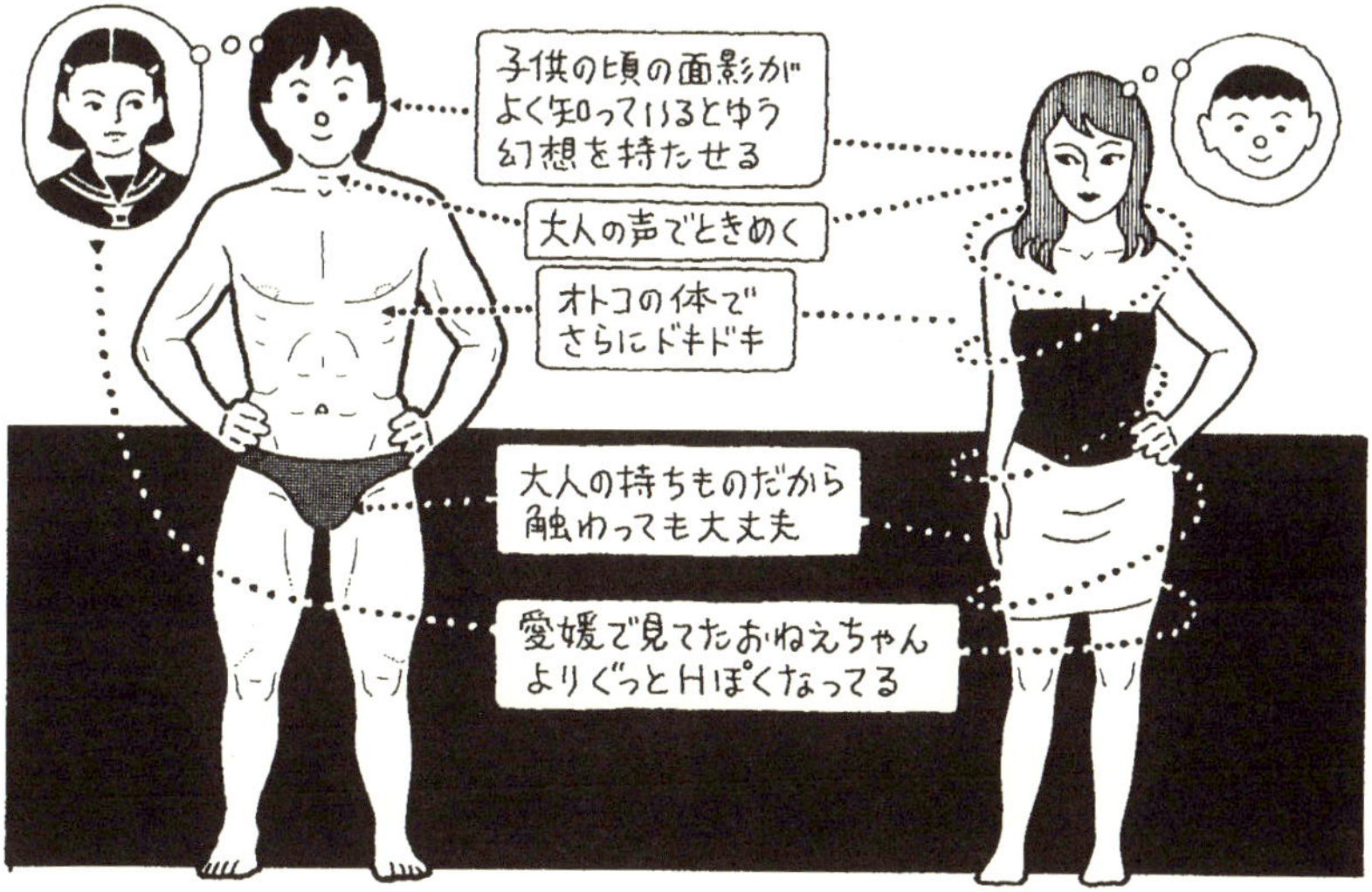
子供の頃の面影が
よく知っているとゆう
幻想を持たせる
大人の声でときめく
オトコの体で
さらにドキドキ
大人の持ちものだから
触わっても大丈夫
愛媛で見てたおねえちゃん
よりぐっとHぽくなってる

脱がしたら ボディスーツは興ざめ？

Question

矯正下着を普通に着用してる時はいいんですが、素敵な男性とお食事してその後…となった時に脱ぐのに10分もかかるんです。服着てる時と脱いだ時のギャップって気になりますか？　脱がしていきなりボディスーツって興ざめ？　線がついた女性の体どう思う？

?市・名無しさん・33歳

【Answer】

例えば乳房でゆうとですね、いわゆる「寄せて上げて」の効果があるとすれば、ブラジャーを外した時は付けてる時よりボリューム感が小さくなりますわな。となるとギャップが気にならないと言えばこれはウソになりますが、私の場合そんなことよりそおゆう状況下でいてくれる女性に対する感謝の気持ちの方がずっと大きいので結局のところ何の問題もありません。それに私の趣味で言えば少々垂れ気味が良いとゆうこともあって、どうも私個人の答えは参考になりませんな。

垂れ気味が良いとゆうのはマネキンではなくナマミの人間を感じるからで、つまり、リアリティですわな。だから線がついた女性の体とゆうものも嫌いではありません。体についた線は下着を暗示しているわけで、それは**その場所が隠しどころであることを強調する**とゆう側面も大きい。水着の日焼け跡なんか、もっと分かりやすいですよね。白く焼け残ったところはそこが普段隠されている場所であることを、その隠されている場所を今眼前に曝《さら》しているとゆうことを強調してるわけですから、こちらも有り難いと手を合わす気持ちになる。でも世の中にはヌードグラビアでもヘアーが見えていると駄目とゆう男もいます。フィギュアみたいにツルツルで「線」も「垂れ」も「シワ」も「毛」も「粘膜」もない体が好きだとゆう人もいるので、やはり私の好みでお答えするのが妥当ではないでしょう。

好みでなく、ある程度、普遍性のある事実で言えば「脱がしていきなりボディスーツ」が興ざめではなく、そのボディスーツが肌色だったら興ざめです。白いブラウスの上から分からないように、とゆう女性にとっては意味のあることでしょうが、それこそが問題なのです。体を隠すのでなく、下着そのものが保護色で隠れようとしている。**下着が体を隠そうとする意志を失っているとゆうことは、その下の体には隠されるべき価値がない、と理屈づけられてしまう**ことになるのです。下着は、隠しどころを守っていると主張してこそ、中の体に価値が生まれる。ボディスーツは良いのです。肌色とゆう姑息《こそく》がいかんのです。

御相談者にこおゆうのつくればと言っても無理かもしれませんがボンデージぽい矯正下着とかあれば良いのにと思います。「しめつける」とゆうイメージが「矯正」から離れ、無理なくSM的遊び心に吸いとられてファッショナブルですよね。

貧尻を豊乳でカバーするには？

Question

「分かっている男はチチよりシリ」という格言があるそうですが（編集部注・ありません）わたしはチチには自信がありますがシリは貧弱です。「分かっている男」をモノにするためにチチにシリの分をカバーさせたいのですが…。

大阪市・29歳・ホルスタイン

Answer

「分かっている男はチチよりシリ」とゆう格言は私も聞いたことがないのですが編集部補足によると、若い頃はチチに執着していたのが年をとるにつれシリの方にウエイトを置くとゆう男の声も聞くそうです。そおゆう声が多いかどうかも私は知りませんが、そおゆう人の好みが移行する理由を推理してみるのも一興でしょう。

若い頃は分かり易い美しさを求めます。チチのなめらかなカーブと乳首のポイント。隠し所としてもあまりディープ過ぎずややこしさもない。そしてストレートにそのもの自体にこだわる。一方**年をとってくると一見して分かりにくいものに好みが変わる**ような気もします。チチは体から独立してるわけではないが突出してる感があります。男にはないのでその点でも分かり易いわけです。

そこでシリはどうかとゆうと膨らんではいるものの突出してる感がない。小振りながら男にもあるので女性特有の持ちものとしての分かり易さはないのです。乳首とゆうワンポイントもなくただ単に背中の下が二つに割れて膨らんでるだけみたいなね。その代わりに**シリには含みがある**。例えば性器や肛門とゆう隠し所として最もディープなものが近くにある。それ等は形もややこしくてその意味でもディープです。若い頃はそおゆうディープ過ぎるものは好まないのではないでしょうか。またM的に思えばシリは顔の上に座るとゆう含みも持っています。チチも巨乳なら顔に押しつけて窒息みたいなのもあるでしょうが顔の上に座るとゆう行為に比べれば全然ユルイです。

答えが遅くなりました。北京オリンピックで流行った水着、レーザーレーサーでしたっけ。あれを入手してシリの所にだけ穴をあけて常用しましょう。あれは着る為に専用の手袋が要るとゆうくらいに強烈に体を締めつけるそうです。当然水着の中の肉は居場所を求めて解放されているシリの部分へ集まるのではないかなと思われます。全身用のだったらチチの肉さえリレー式にシリへ伝わるかもしれません…。

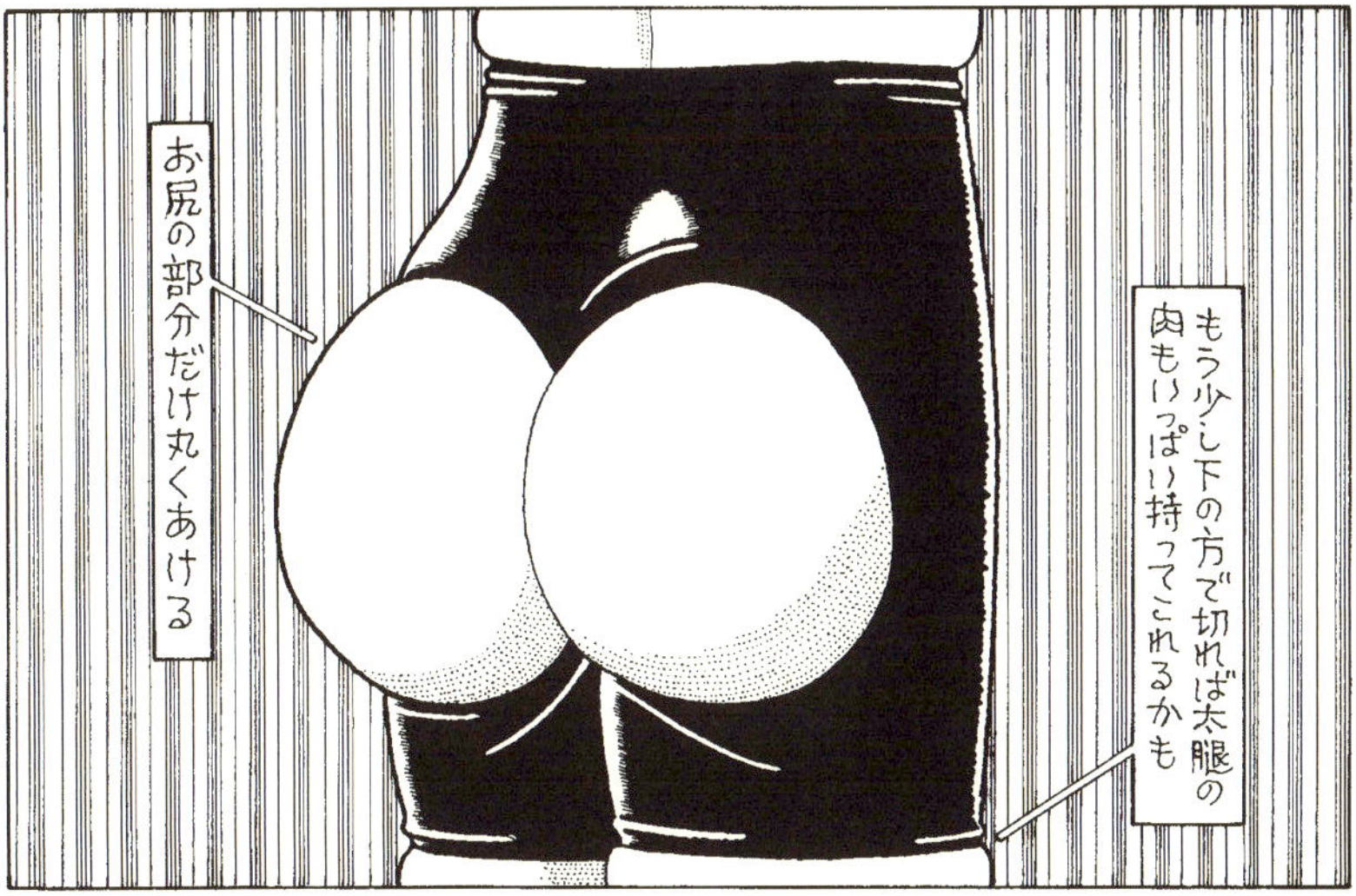
もう少し下の方で切れば太腿の肉もいっぱい持ってこれるかも
お尻の部分だけ丸くあける

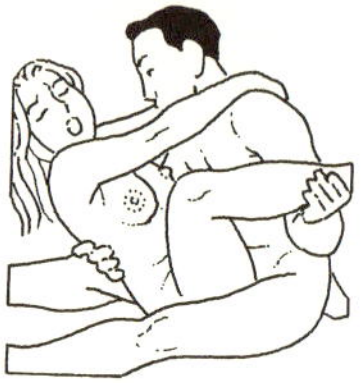

Hの時いつもニコニコしてしまう

Question

どちらかと言えば感じやすい方です。だからHはとても楽しいんですが、彼に「Hしてる時いつもニコニコするよね。たまには少し苦しそうな表情してくれると尚そそるんだけど」と言われました。どういうことでしょうか。気持ちいいのを我慢しろってことなの？

東京都・プー・20歳

Answer

うーん珍しい。てゆうか新しい。プーさんは「感じやすい」から「Hはとても楽しい」ので「ニコニコする」とナイーブで明解に納得しておられますが、私はそおゆう人が存在するとゆう事実を初めて知りました。感じるとニコニコしてしまうとゆうことはいわゆる「イク」時くらいすごく感じちゃうと爆笑しちゃったりするのでしょうか。いやホント新しいですね。日本国はある程度は表現の自由を認められている国ですからこおゆう人がいてもまったく問題ありませんよ。面白いと思います。アダルトなんかに出てクライマックスに身をよじりながら爆笑とかしてたら珍品として結構売れそうな気もする。

でも彼の身になってみると気持ちは分からないでもないですね。ニコニコつまり微笑んでる時とゆうのは普通は体がリラックスしてる時に行為されるものです。ひきつり笑いとゆうのもあるけど、プーさんの場合は楽しくて微笑んじゃうのだからリラックスしてる。で、リラックスとゆうのは体が何の刺激も受けずにダラ〜ッとほどけきってる状態を指すわけですよ、世間ではね。とゆうことはHの最中にニコニコしてるのは彼とのHが何の刺激もない、全然感じないとゆう理屈になってしまう。あなたは感じるとニコニコするシステムになってると言葉では分かっていても世の中のほとんどの女性は「苦しそう」だったり「痛そう」な表情をすると感覚的に染みついてるから彼もそそられにくいのでしょう。また**ニコニコ顔は日常つまり服を着てる時の顔で誰にでも見せられる「恥ずかしくない顔」**と言えます。しかし「苦しそう」だったり「痛そう」だけど口を大きく開けたりして微妙に違うぃわゆる**「ヨガリ顔」とゆうものは非日常つまり素っ裸で他人には見せられない「恥ずかしい顔」**と言えるでしょう。彼としては当然あなたの誰にも見せられない「恥ずかしい顔」を見たいはずです。

でもだからと言って次のHからいきなり「苦しそう」な表情をつくるのは難しいし、そんな芝居しても彼は気づいてシラケますね。そこで一つの案をイラストで説明しますから、可能であればお試しください。

放尿といっても便器などでしては意味がない後始末のことも考えるとやっぱり浴室が良いでしょう
地べたより浴槽の上に乗った方がより恥ずかしい
芝居して顔をつくるのではなく自然に無理なく、いわゆる「ヨガり顔」が表現出来るように、ここはひとつセックスから離れて放尿プレイで学習しよう。H前の余興と思って。ビールとか大量に飲んでもよおしてきたら裸になって彼の前で放尿する。「する」と言っても人間トイレ以外のところではしたくてもなかなか出ない。まして彼の見ている前では恥ずかしい。尿道パンパンで出したい。でも出ない。この苦しさ、もどかしさ、恥ずかしさの混沌にもみくちゃにされることで「ニコニコ顔」から脱却し「ヨガり顔」を獲得出来るのでは
さらに恥ずかしさを高める為に大きな音のするもので放尿を受けたり

男はHの後でもひとりHしたいもの？

Question

Hの後そのまま寝て、ふと目を覚ましたら隣の彼が一人でなさっているのを見てしまいました。とっさに寝てるふりしたのですが、こういう場合、助太刀したほうがいいの？　見て見ぬふりがいいの？　センセもHの後でまた一人でしたくなったりするもんなんですか？

長岡京市・ノリちゃん・25歳

A
nswer

私の場合、Hの後で女子を横に置いて一人でしたとゆうことはありません。最近はHの数自体が激減してますが若い時でもそおゆうことはなくて、夜中に目が覚めてしたくなっても隣に女子がいたら普通にHしてました。だからノリちゃんの彼の気持ちがよく分かるとは言えませんがマー常識的に考えて3つの理由が思い浮かびます。

①勃起して目が覚めてしたくなったけど、あなたの睡眠の邪魔をしたくなかったので一人ですることにした

②女子のすぐ横でオナニーするとゆう状況を楽しむ

③ノリちゃんとするのに少し飽きてきた

ただお手紙の原文ではノリちゃんとのHの回数は減ってないようですし、もしそおゆうことであればオナニーするにしてもノリちゃんのいないところでまったく一人でやるでしょう。わざわざノリちゃんの横でやるとゆうことは彼にとってノリちゃんが「家族」ではなく「オンナ」の証であると言えます。

だから①と②のどちらかと考えて良いと思いますが、①だったら当然助太刀

してあげた方が良いですし、②の場合は余計なお世話になってしまいますよね。そこでどちらかを見極めるのにはノリちゃんに少しばかりのアクションが必要です。寝ぼけてるふりで「ムニャムニャ」とか言いながら彼の体に抱きつく。「ムニャムニャ」とか言いながら下半身を密着させたり彼の感じるところを刺激する。①の場合だったら、我慢して一人でしてるわけだから、そんなことされたら我慢できなくてそのまま二人Hに移行するでしょう。あなたは眠っているとは言っても先に攻撃してきたのだから、彼も応戦するのにさほど遠慮は要らないでしょう。

逆にあなたが抱きついても彼が頑なに体を閉ざして一人Hを続けているなら②の場合と考えられますから、寝ぼけてるふりを続けながらさりげなく彼を解放してあげるのが大人の優しさとゆうものです。ところで対応は別として世の中、何かにつけてギブ&テイク、返礼も大切です。後日、**彼が寝てる横であなたも一人Hして彼にそれとなく見せてあげる**心配りも必要かもしれませんね。

こんなにしても まだ一人Hを頑なに続けるようなら 彼はノリちゃんの隣で一人でするとゆう環境オナニーを楽しんでいるとしか思えません。でもこの形でノリちゃんの手に彼のPを握らせてしごかせるようならオナニーでなくて こおゆうカタチを楽しんでいるとも考えられます。

TIKUBI NAME
ASOKO MITCHAKU
ARINOTOWATARI
FUKURO TOH SHIGEKI

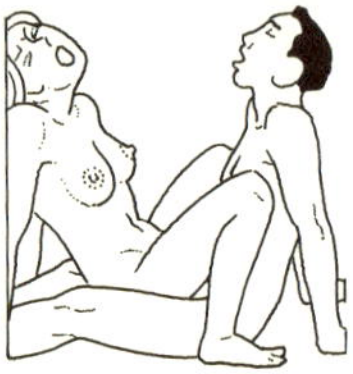

ナルシストな彼氏のHを改めさせたい

Question

つきあい始めた彼はナルシスト。で、初Hの時にそれが全開。すごい上手いぜオレ、気持ちいいだろ、でもオレもヨガってるぜ、ああーみたいな。3回目くらいから最中に笑てもた。でも「嬉しいよ」とポジティヴに勘違いされて。彼のナルシーな部分を改めさせたい。

高槻市・モンちゃん・25歳

A
nswer

Hの時はほんの少しでも良いから普段より大げさにふるまうとゆうのが私の基本姿勢であります。ちょっと気持ち良いかな、くらいの時はけっこう気持ち良いとゆう表現を。けっこう良い、とゆう時は無茶苦茶良いみたいに。それは相手に対する礼儀のようなもので、礼を欠くと体の相性が合っていても得られるはずの快楽に届かないとゆうことがあります。さらに「情けは他人の為ならず」とゆうか、ヨガるとゆう表現行為は相手の為だけでなく自分の為にもなるとゆうこと。人間は**自分の行為によってさらに感情を解放し昂めてゆく**とゆう側面を持ってます。だからHのように情動的、感覚的行為では大げさな表現は悪いことではない、とゆうより良いことなのです。

ただHとゆうのは当然相手のあることなので（ひとりHなら何言おうが叫ぼうが良いのですが）場を読むとゆうことは必要でしょう。しかも自慢やら押しつけが入ってくると当然相手はしらける。それでもおかまいなしに一人で3段階ぐらい上のステージ行って独演会されて「でもオレもヨガってるぜ、ああー」とか言われると、そら笑てまうわね。モンちゃんのお気持ちは分かります。改めさせたいでしょう。でもこおゆう人は他人の意見を聞くとか顔色を見て判断するとゆうことはしないんですよね。だからナルシストなんですが。例えば彼があなたの腹の上で独演会してる時にあなたが「もしもし」てな感じで冷めた顔見せたとしてもですよ、彼にしてみれば自分の責任ではなくあなたを不感症女にしちゃうかもしれない。逆に「他人のふり見て」方式であなたが彼以上に大芝居したとしても、気づくどころかオレってやっぱりすごいんだとか思われていよいよ戦況は泥沼化します。

もう仕方ない、工夫のない回答で申し訳ないですが、ここは一つお友達にお願いして一芝居打ってもらいましょう。彼と二人で酒でも飲みに行った時に隣の席にあなたのお友達二、三人に座ってもらう。それで彼に聞こえるように**「こないだヤッた男、ナルシストでなぁ最低やったわ」**とか**「基本的に馬鹿よね」**とか批判してもらいましょう。

あなたの居るとこで悪口言われると彼も依怙地になってしまうのであなたはトイレにでも行って彼を一人にする。
彼の注意をひくために最初は彼の言った言葉をそのまま使う。
聞こえ易いように彼の方を向いてる人が口火を切ろう。
すごい上手いぜオレ気持ち良いだろ?やて。ホンマ笑わしよるわ
いるよねそおゆう馬鹿
理想はこのようにカウンターの角をはさんで座ってもらう
無論彼が知らない友達に喋ってもらう

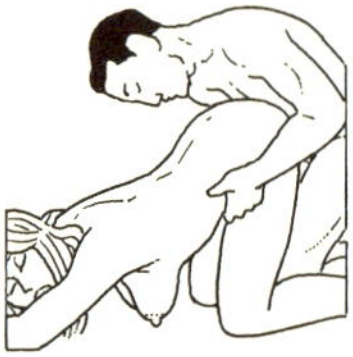

彼氏と初体験ごっこしてみたい

Question

彼と互いの初体験の話になり、共に相手は処女&童貞ではなく、それ以後も処女&童貞とやったことがないと判明。しかし、急に「初めての相手とのセックスってどんな感じなんだろう」と気になりました。彼も同じことを思ったみたいですが、お互いに30代も後半、そんな機会に恵まれる望み薄…。初体験ごっこでもやってみようかと思うのですが。

大阪市・それってサムい?・37歳

A
nswer

初体験ごっこですか。かなりの芝居心とゆうか「成りきり」が要りそうですな。演技している自分をふり返らない徹底。でも所詮は演技ですものね。やっぱり「それってサムい」かもしれません。セックスの初体験ではなくて未知のプレイを初体験する方が得るものが多いでしょう。答えになってませんね。処女&童貞のカップルとスワッピングできれば良いのですが、しませんわな処女&童貞がスワッピング。やっぱり「ごっこ」かな。

となればこの際徹底的に「ごっこ」しましょう。いえ処女&童貞を演じきろうとゆうのではありません。その場だけ芝居したってやっぱり「それってサムい」。だから一年くらい本当にセックスを断つのです。セックスを断つことによって本物の処女&童貞には成れなくても**疑似処女&童貞には成れるかもしれません**。セックスを断って三カ月くらいは手も握らない。半年くらいしてやっとキスくらいでしょうか。舌入れなしの。当然ですが他の相手とやるのも厳禁です。タナボタで処女もしくは童貞とデキル機会がやってきても我慢しましょう。本末転倒でも粉末弁当でも関係ない。単に処女もしくは童貞とヤルことより一年間かけた実験の方がずっとクリエイティブで興味深いです。

オナニーは男はOK、女は原則禁止。不公平ですが処女&童貞の体の環境づくりに必要です。処女とゆうのは普通に考えて体がセックスに対し閉じている。頭で想像することはあっても体はついて行ってません。不安や違和感で体が硬くなってる。触られただけで濡れるような開ききった体では処女とは言えません。だから体を性的刺激から遠ざけ感度を鈍くしておくことが肝要です。男も無条件にやり放題とゆうわけではない。童貞はだいたいが若くて精力が有り余ってます。だからハヤイ。ハヤイがすぐに立ち直る。御相談者の彼のお歳でこの根本的な再生力は無理な以上、使わずに溜めこんでおくことが絶対条件です。解禁日の三カ月前は十日に一度、二カ月前で二十日に一度、直前の一カ月は夢精のみでコトに臨みましょう。

断性交して三ケ月で手を握る、半年めでキス。その流れで十ケ月めぐらいには男の方から左のような要求をしてみるのも一興です。ぐっと処女&童貞ぽく盛り上がるでしょう。

良いだろう触るだけだから
ホント？ホントに触るだけよ

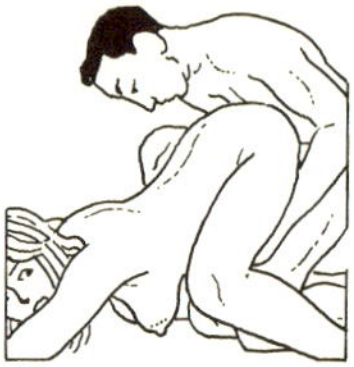

差し出した据え膳を食われなかった私…

Question

「据え膳食わぬは〜」と言いますが、その「据え膳」を意を決して差し出したにもかかわらず手をつけられなかった28歳女子です。相手はわたしに気があると思ってただけにショック。というか、なぜええ歳（32歳）して何もしない？

大阪市・松花堂弁当・28歳

Answer

28歳とゆうオンナ満開のけっこうなお歳頃が据え膳状態になってるとゆうのに何もしないとゆうのは、何か良からぬことを考えてるとしか思えません。ただ、独身主義者でそれなりに責任感のある人なら、セックス↓交際↓結婚とゆう流れを危惧するとゆうこともあるでしょう。とすれば彼の不安を除く為に、**据え膳には余計な混ぜものが入ってない、純粋セックスであることを分かってもらう必要**があります。ただそおゆうことを口頭で説明するのもなんですし、言ったとしてもそれが純粋セックスであるとゆう根拠がないと彼も俄《にわか》に信用しにくい。そこで…。

あなたは東北でも九州でも、とにかく大阪から遠く離れた山村で地の神様を祀《まつ》る神官の家の分家の娘になってください。その神社では五年に一度必ず蒔種神事とゆう儀式が行われます。これは、農夫が田畑に種を蒔く、夫が妻に種を蒔く、この二つが絶えることなく続けられるよう村の繁栄を願って千二百年間伝えられてきた神事です。本家の娘（未婚）が村の女達や田畑の象徴となって神の御前で神官から性交を模した儀式を受けます。本家に未婚の娘がない場合は分家の娘が代わりに務めるしきたりです。

この五年に一度の儀式の日にあなたは彼の家に行きます。そして自分はそおゆう神社の分家の娘であることを告白します。さらに神官が急死、本家に未婚の娘もなく、分家の娘も村内におらず神社に行くことができない場合どうするかとゆうことも彼に説明しましょう。

そおゆう場合、その分家の娘は神社でなくとも住んでいる地で神事を行うことができる。神官も男なら誰でもよろしい。儀式のやりかたが分からなくても、作法は知らずとも誠をつくすとゆうことで**本当の性交を行う**。さて、そこまで説明したらいよいよ本題。今夕五時頃、神社の娘が急死して神官はショックで寝こみ、村の分家にも娘はおらずあなたに神事をやってもらうしかないとゆう電話が入りました。千二百年続けられてきた神事が行われないとなると**何か大変なことが起こるに違いない**と彼を説得しましょう。

挿入の前に互いの体を清める儀式をやると
ちょうど前戯になって都合がよろしい。

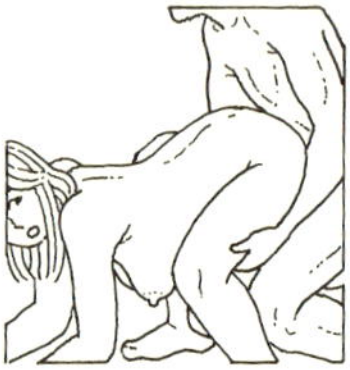

狭いところに入るとエッチしたくなる

Question

いたってエッチは普通、性欲もそんなに強くないのですが…狭いところに入ると、とたんにエッチしたくなるんです。このあいだも百貨店のフィッティングルームで外で待つ彼氏を誘い入れたい衝動にあやうくかられました。ヘンタイですか？

芦屋市・洋服ダンス・34歳

Answer

閉所恐怖症とゆうのはよく耳にしますが洋服ダンスさんの場合は閉所発情症とゆうところでしょうか。でも病気でもヘンタイでもありません。いえちょっと軽くプチヘンタイかもしれませんが社会生活が脅かされるほどの重度のケースではないと思いますよ。

誰にでもとまでは言いませんが私も閉所発情癖はあります。昔は平日の大きな公園でひとけがないのを良いことにトイレでセックスしたこともありました。自室ではない公の場の中にあって試着室とかトイレは突然プライベートな空間を獲得できる、その落差が良いのでしょう。ドア一枚、カーテン一枚で自分の私的空間が成立する。そのあやうさもスリルになるでしょう。そしてなにより、有難くもプライベートな場をもらったからには**公の場でできないことをしなければ損だ**とゆう計算が感覚とゆうか情動に働きかけるのです。それが短絡的に閉所と性的感受器官を結びつけたのだと思います。

マー何にせよエッチは一人であれ複数であれしたい時にするのが一番。でもさすがに試着室では難しい。トイレも近頃ではすべて男用と女用に分かれてますから彼を連れ込むわけにはいきません。ただセックスの代わりとゆうのではなくオナニーならできます。プライベートとゆう意味ではオナニーはセックス以上に極私的であります。私は昔、環境オナニーとゆうジャンルを設定したことがありまして、これは環境つまり場所をオカズにしてオナニーする。好きな異性とかAVとかに頼らない、こんな場所で恥ずかしいことをしてる自分とゆうものをオカズにする**完全自立型オナニー**です。洋服ダンスさんは正しい環境オナニーをする資格があります。

どうしても彼の手を借りたいと仰るなら公の場は諦めて自室に閉所をつくりましょう。ファンシーケースとゆう名前だったか、以前若者向けにビニール製の簡易洋服ダンスがありましたわなあ。あなたのお名前で思いついたわけではないですが、どっかで探してきてあの中でやるのはどうでしょうか。具体的なやりかたはイラストで。

舌用の穴
手を入れる穴は動かし易いように細長いのにする
P用の穴

ビニール製洋服ダンスの中に彼と二人で入ってするのも良いですが、あなた一人だけが入ってる方がより極私的空間を味わえる。じゃあどうやって彼の手を借りるのかといえば、洋服ダンスの外から触ってもらいましょう。穴をあけてそこから手を入れる。

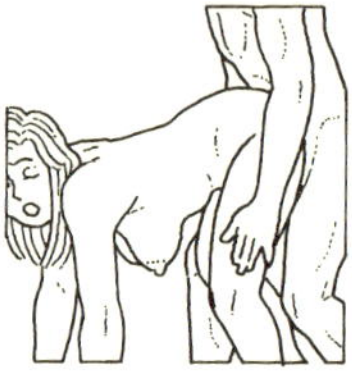

ロリコンな彼氏とのHを楽しむ方法

Question

「アンタの彼、ロリコンやで」と友人に指摘されました。私も童顔なんですが、「ロリコン」と言われてもピンとこない。自分なりに彼が本当にロリコンかどうか確認するためにも、ロリコン的な性癖やHの方法などを知りたいです。よろしくお願いします。

西宮市・T★M　24歳

A nswer

マー私自身ロリコンではないだけにあまりよくは知らないのですが、一般的とゆうか社会通念のレベルでいえば彼達の潜在願望は以下のようなことではないかと…。

先ずロリコンは少女達に弱さを求めている。身体的には女として未発達であること。だから自分の体を武器にして男と交渉することができない。それが少女達の純粋さの象徴となります。また社会的にも自立してない存在で、保護者がなければ生きていけない。そこでロリコンは少女達の保護者でいたいと望むわけです。さらに言えば少女達に甘えてほしい。性的欲求がそおゆう衣装を着ているわけです。ただ単に優しい「お兄ちゃん」ではない。だから保護者の先にまだ潜在的な願望がある。

保護者を必要とする無力な存在だから自分の思い通りにできる。ある種の征服願望です。ロリコンの中では保護者と征服者とが一本のレールで繋がっているると言えるかもしれません。無論、すべての人間に征服欲は多かれ少なかれありますが、だから弱い者を狙うとゆうストレートな発想が性に結びつくことはでないからでない。それはいろんな形で社会の中で発散したり小さく実現させているからですが、ロリコンの場合は何らかの理由で社会から孤立していることが多く、その発散と実現の機会がないと思われます。一直線に性欲をエンジンとして弱者に向かう。それは社会では倒錯者として危険視されるからますます孤立する。孤立するからさらに少女に対して征服欲が加速するとゆうことで膨張する循環になっていくようです。

ただロリコンの語源となった小説『ロリータ』の主人公ハンバートは、ロリータに対して弱さや純粋性を求めるより小悪魔的な「女」予備軍的魅力にひかれていました。独占欲はあったけど征服願望とゆうより終始被虐的に振り回されている。語源になった例が今や例外的になってるのも面白いところです。例外と言えば本来、女の武器を持たない少女を求めるロリコン達の中にあって現在では巨乳ロリとゆう趣向もあるらしい。巨乳で童顔。マー度合いでいえばソフトロリでしょうか。Hの方法はちょっとベタとゆうか「そのまま」みたいだけどイラストで。

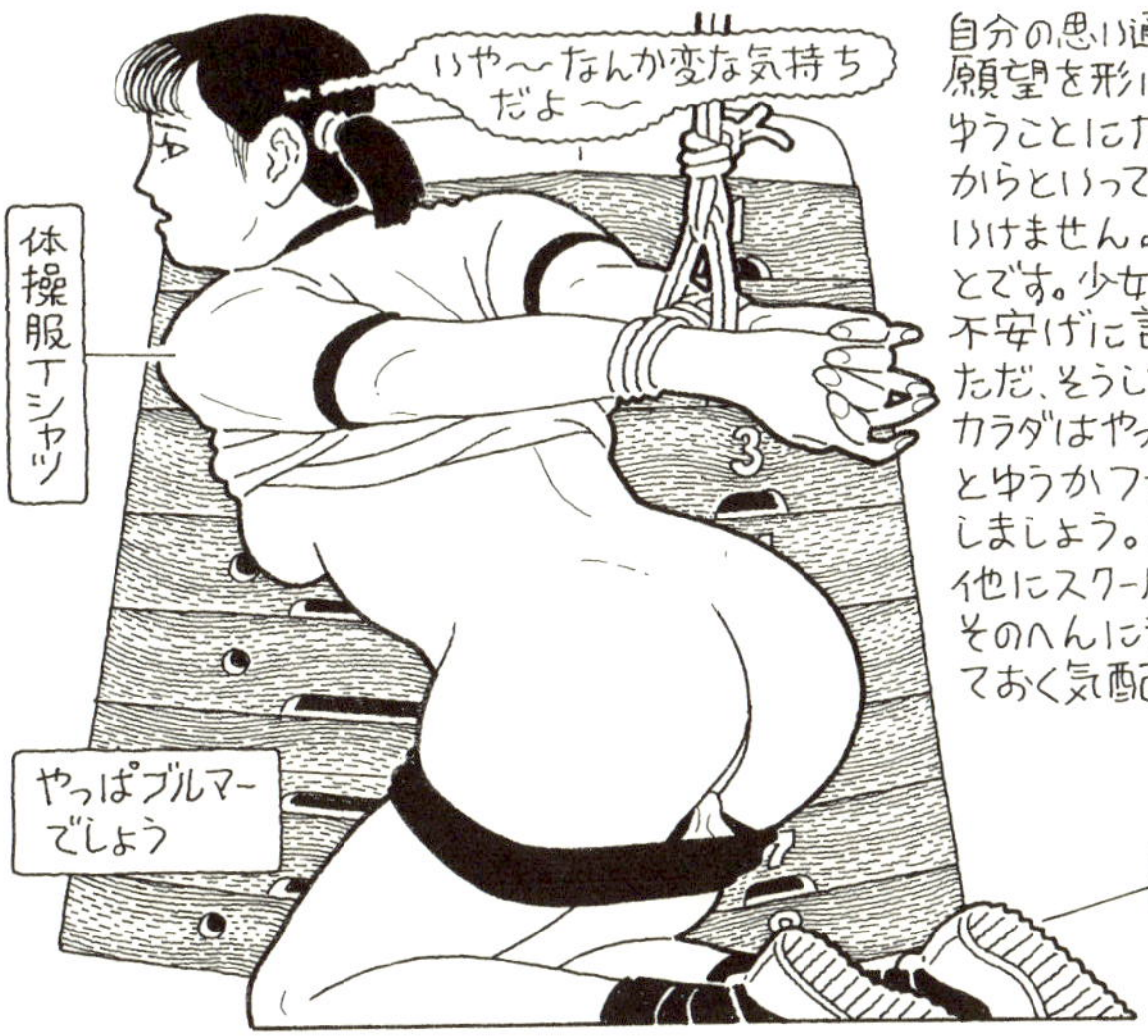
いや〜なんか変な気持ちだよ〜〜
体操服Tシャツ
やっぱブルマーでしょう
うわばき

自分の思い通りにしたいとゆう潜在願望を形にするとやっぱり緊縛とゆうことになります。でも気持ち良いからといって大声でヨガッたりしてはいけません。それは大人の女のすることです。少女らしく左のような台詞を不安げに言うのが望ましい。

ただ、そうしたとしてもあなたの場合カラダはやっぱり大人なので小道具とゆうかファッションでそれらしくしましょう。左の様な体操服の他にスクール水着なんかも良い。そのへんにランドセルなんかころがしておく気配りもナイスです。

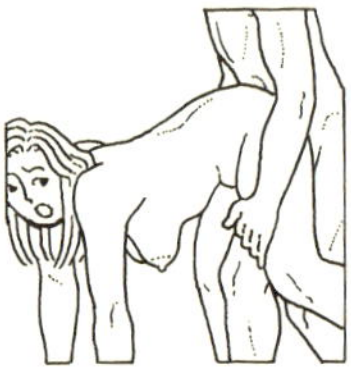

彼氏の飼い犬(♀)にHを邪魔される

Question

ひとり暮らしの彼は雌のミニチュアダックスを飼ってます。こいつがクセ者で、彼の部屋でHしてるとワンワンとうるさく吠えまくり、仕方なく部屋に入れると今度はわたしたちの間に強引に入り込んできます。これって、同性としての嫉妬なんでしょうか？　かといって犬からライバル視されても困るってもんです。

大阪市・ポチ・24歳

A
nswer

私にも同じような経験があります。新婚時代に何度か猫が乱入してきました。人間並みに嫉妬していると考える方が面白いので、世人はそう思いたがるようですが私は違うと思います。その頃私は健気にも毎日腕立て伏せなんかしてましたが、それを見つけても私の体の下に入り、よく分からないまま興奮していました。つまり人間が日常的にやらない変わったことをしていると、そしてそれが自分に危険ではないが好奇心をかきたてられるとなると理解できなくとも闇雲に参加したくなるのでしょう。オナニーしてる時もやはり不思議そうに寄ってきて私の握ってるものに手を伸ばしてきたこともありました。オナニーのような地味な運動でさえ寄ってくるのですから、セックスみたいな音声付きの二人がかりで大きく激しく動く行為には当然強烈な好奇心を抱くでしょう。

だからといって犬を交えてやるわけにもいきませんよね。お二人とも獣姦の趣味はなさそうですし、私も新婚時代これといった対策は思い浮かばなかったように記憶しています。犬に適当な玩具を与えてみたって人間が息荒くして裸でくんずほぐれつしてる方が絶対に興味をひきます。玩具は生きてないからつまらないのであって生きてるものを与える。ありふれてますがポチさんも犬を飼って彼の家に行く時は連れて行く。そうして二匹で遊ばせておくとゆうのも一案ではあります。ただその策も最悪の場合二匹でセックスに参加してくるとゆう危険性も考えられます。根本的な解決策とはいえませんね。

では根本的な解決とはなんでしょうか。それは犬がポチさんと彼のセックスに好奇心を抱かなくなることです。見たこともない変な行為ではなくポチさんと彼が日常的にやり続けている不思議でも何でもない行為だと犬に思わせることです。そう思わせるにはそれしかありません。**犬の前ではとにかく彼とセックスをやり続けましょう**。演戯でもよろしい。彼の家に入った時、そこに犬がいたら玄関で始めましょう。食事中でもビデオ観てでもとにかく犬の前では。

例えばビデオ観つつピザ食べながらセックス
（あるいは演戯）するとゆうのはなかなか大変
だとは思いますが

お風呂の中でしかエッチしたがらない彼氏

Question

彼氏がお風呂の中でしかエッチしたがりません。部屋は寒いとか、服を脱ぐのが面倒とか。のぼせそうになるし、滑るし、なんだかなぁ。「ベッドに行きたい」なんて話してみても盛り下がるだけで困ってます。

神戸市・30歳　バスロマン

Answer

どんなに美味しい料理や好きな食材であっても、毎日そして義務的に食べさせられると誰だって飽きてしまいます。逆につまらない食いものでも食べてはいけないと禁止されると食べたくなるのが人間というものです。バスロマンさんの彼も十年一日の如く変わることなく繰り返されるところの、照明を暗くしてベッドの上で少しずつ脱いで脱がせてとゆう部屋エッチに、倦怠を感じておられるのではないでしょうか。風呂場でのエッチは別に法律で禁じられてるわけではないが、バスロマンさんが仰るようにのぼせそうになるし滑るしでエッチ用につくられた場ではありません。エッチ用ではないから義務感がとれて積極性が出るのではと思います。簡単に決めちゃってすみませんがそおゆう理由であれば解決は難しくないでしょう。

彼の場所に対する感覚を交換させればよろしい。つまり**お風呂エッチを義務化し部屋エッチを禁止する**。入浴時に自分からエッチを求めていくのです。部屋で彼が求めてきたとしても拒む。それだけでなく部屋からプライベートな雰囲気を一掃し公的なブツでかためる。例えば部屋のカーテンはやめてブラインドにするとか、ソファや大きなクッションの代わりに腰高のスチール製デスクや椅子にするのです。マーそれはお金がかかるので無理としても仕事の道具や資料を並べて人形とか可愛い系のインテリアはすべて片づけましょう。バスロマンさん自身もトレーナーにジャージなんか穿いてちゃいけません。白のブラウスでリクルートスーツなんかあると良いですね。仕事場が制服だったらそれも良いです。

逆に浴室はエッチの為の場所にする。バスロマンさんが求めていかなければならないので、当然エッチし易いように工夫が要ります。先ず照明は暗めのものに替えキャンドルが何本かあってもきれいです。滑り止めマットは5センチくらいの分厚いものを。尻を置いても膝や肘をついても痛くないように。湯舟に浸かってやる時は水温を下げる。どこかにスケベ椅子が売ってると良いですね。

スチール戸棚
スチール書棚
本も小説とかじゃ
なく専門書や資料
的な本が良い
印象派あたりの絵
カレンダー．絵も写真もなくて
予定が書きこめるやつじゃなく
年末に銀行がくれるようなやつ
が雰囲気
寝袋
スチール引き出し
そばがらの枕
薄いマットレス
宿直室の仮眠用
とゆうかんじ
スチール机
スチール椅子

男子を昇天させる究極のフィンガーテク

Question

ゲイの友人は「アタシはフィンガーセラピストよ」とよく自慢します。なんでも相手のタマタマを愛撫し、イカせてあげるそうです。「ワタシもそのテク、マスターしたい！」と思うも、ゲイから伝授してもらうのはなんか癪に障る。先生、教えていただけませんか。

大阪市・メグりん・27歳

Answer

人間は機械ではありません。すべての男がどこをどうすれば感じるとか、ここはどうやってもあまり感じないとか決まっているわけではありません。その人固有の経験、趣味、世界観等が感覚を規定し形づくっているのです。乳首が感じる人もいればこそばゆいとさえ思わない人もいる。「アリノトワタリ」が良いとゆう人もいれば肛門がたまらんとゆう人もいます。またSMの人のようにどこをどうしようがされようが精神的なシチュエーションがなければイケナイとゆう人もいるでしょう。また同じ一人の男でも若い時はソコを愛撫されたら陰茎をしごかなくてもイッたのに、オヤジになったらソコをほじり倒しながら陰茎を尺八演奏されてもイケナイとゆうこともあるかもしれません。女性がそうであるように男もまた人それぞれなのであります。

仮に私が今ですよ、男としてココをこうされると感じますと言ったところでそれは飽くまで私個人のデータであって、他の人に使えるとは限らないのです。

あなたのゲイの友人が仰るタマタマ愛撫もいくつかある方法の一つだと思い

ます。それ一つ覚えただけですべての男が喜んでイクほど世の中あまくないでしょう。昔から言うじゃないですか、近道は身にならないとか狭き門から入れとかね。足を運んで体使って汗かいて得たものはそれ以外の多くの引き出しをあなたに与えてくれるのです。多くの引き出しを持っていれば現場で予定してた方法が相手に通じなかった場合でも代わりの方法も使えれば応用も利く。**口を開けて待っていて入れてもらったアメ玉とゆうか陰茎は自分の血や肉にはなりません**。人に聞いて簡単に得た知識は現場で使えないことが多い。積極的に練習台になってくれる男を探しましょう。男漁りしてるみたいな噂がたつのは困るとゆうのであればフーゾクでバイトすればよろしい。漁らなくても向こうからどんどん来てくれて手間が省けます。知り合いが客で来たらどうするの⁉とゆうのなら…ううん仕方ない職場でもバーでも手当たり次第に男つかまえてアンケートをとりましょう。体使って覚えるのがいちばん良いんだけど。

ヒトに聞かずに自分で考えなさい、なんて偉そうにつきはねるのも愛想なし
なんでとりあえずタマタマでどおゆうやりかたがあるか、ゲイの友人のかたには
遠く及ばないかもしれませんがちょっと考えてみました。

フクロを広げてからいろいろしてみよう

そのまま吸いながら引っぱったり
フクロの端を歯でかんで引っぱったり
指も併用
タマタマごとフクロ全体を口に含んでゴニョゴニョ

タマタマと言っても中のタマタマ自体はかなりデリケートなので握ったりするといけません。タマタマ自体への圧迫は充分に注意しよう

SM好きで性行為のない彼氏との付き合い方

Question

私の彼はSM好きです。彼にとってセックスは暴虐行為だそうで、本能的にむかつく女としかやりたくないと言います。私には性的興奮を覚えないそうで、一度も性行為はありません。結婚の話も出ていますが、「子供をつくりたいなら俺は裸で転がっているから君が勝手にしてくれ」と。この彼氏とつきあっていく心構えを教えてください。

大阪市・しかも彼は東京勤務・26歳

Answer

「むかつく女としか…」とまでは言わないにせよ「むかつく女を押し倒して…」とゆう欲求は私も持っていました。逆に「押し倒されて…」とゆう欲求も持っていたのでそれなりに平等な男だと自己評価してますが。いえ私のことは置いといて、多くの男はセックスによって征服感のような幻想を感じます。男が行為し女がその行為に反応するとゆう従来のスタンスが「支配」を連想させるし、自分の体の一部を他人の体の中に押し入れるとゆうのも「侵略」めいています。征服、支配、侵略等を感じるにはその相手がむかつくとゆうか敵対する方がより満足を得られる。自分が大切にしてる人からそおゆう快楽を得たいと思わないのはとりあえず理屈は通ってます。ただ私を含めて多くの男はそれをオカズくらいにしか考えてないのですが、御相談者の彼はセックスの相手と、伴侶としての御相談者を対極に位置づけ、セックスの存在理由として徹底されています。

そんな彼が御相談者とセックスするのは、彼のセックス観が根本から覆《くつがえ》らない限り難しいと思われますが、一縷《いちる》の望みがまったくないわけでもない。彼が

ＳＭ好きとゆうのは当然自分がＳとしてですわな。ただ「子供をつくりたいなら…」とゆう発言は、状況的に彼がＭになって御相談者がＳになることを意味します。あなたがＳとして彼を罵倒し辱め犯すのです。原文では彼はあなたのことを「ほとけさまのような優しい君」と言ってくれるそうで、そんなあなたがＳになるのは難しいでしょうが、そこはプレイと割り切る。プレイ中に限り女王様の役を演じるのです。心を鬼にして演じ切ってください。それによってプレイとは言えＭに慣れてない彼はだんだん腹が立ってくる。**あなたは「ほとけさま」から「むかつく女」になってきます**。つまり彼のセックスの対象になるわけです。いえホント可能性低いけど。

それより世間の多くの夫婦は途中からセックスレスになってそれが原因で家族としての情や信頼にまでヒビが入る。最初からセックスレスの方が安心です。

あなたはプレイと割り切って女王様を演じるのですが彼にはプレイではなくマジでむかついてもらう必要があります。そこで彼がプレイに埋没しないように心掛けましょう。

こら
○○○
何度も彼の名を言って彼を日常モードにとどめておく
こんなことされてうれしいのかこのヘンタイ！
マスク
心を鬼にして
彼にとってあなたは性戯の対象ではないので露出は少ない方が良い
ア○○用バイブ

有名人の質問

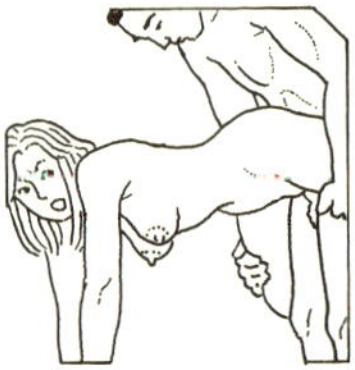

包茎について詳しく教えてください

東京都・辛酸なめ子・36歳

Question

包茎をまだ見たことがありません。実際、どういうふうになっているのでしょうか？　そして包茎がその人の性格に及ぼす影響はあるのでしょうか？　詳しく教えていただけると幸いです。

Answer

一般的な言い方ですが、包茎には仮性と真性があります。真性包茎は私も写真ですら見たことがありません。私だけでなく多くの人が知らないと思います。それで良い機会なので調べてみました。驚きました（①図参照）。

どうしてこおゆうことになるかといえば先ず子供の陰茎を思い浮かべてください。亀頭部分が完全に皮の中に埋もれて先の方でまだ少し皮が余ってます（②図参照）。それが青年になってくると亀頭が前に出て皮が少し後退する。むけてくるわけです。半むけ（③図参照）。これが仮性包茎ですわな。仮性包茎は性交時に指で先端の皮を亀頭の後方（カリ）までずらせて亀頭を丸出しにします。ずるむけにする（④図参照）。だからH的に問題はありません。私も未だに仮性です。**ジョン・レノンもそうでした**。こんなところで一緒にするのもなんですが。

真性はそおゆうわけにいきません。真性は皮の先端、入口とゆうか小便の出口が極端に小さいか癒着してる為に亀頭をくぐらせてずるむけにすることができないのだそうです。それでも勃起はしますから皮をかぶり切った状態で性交しちゃうと皮が擦れて出血することもあるらしい。昔そおゆう話を友人から聞いたことあります。友人のお父さんが若い頃に男二人で売春宿に行って、しばらくすると隣の部屋が騒がしいので入って驚いたとか。一緒に行った男が真性包茎だったそうで**股間が血だらけ**になってたとゆう話です。

そおゆう人は手術しない限りHのたびに危ない思いをすることになります。当然Hからは遠ざかり、宗教にのめり込むかHを憎悪するようになる。その人の性格に及ぼす影響は大変なものでしょう。

ところで仮性包茎はH的に問題ないといっても放っておくと恥垢《ちこう》が溜まります。入浴時に皮をむいて洗えば良いだけですが私は二十歳前ぐらいまで洗うとゆうアタマがなかった。子供時代の亀頭はとても敏感で皮にも包まれてます。だから亀頭は体の内側の器官でその表面を恥垢が守っていると信じ込んでいたのです。ソープ嬢に教えてもらってようやく洗うようになったのでした。

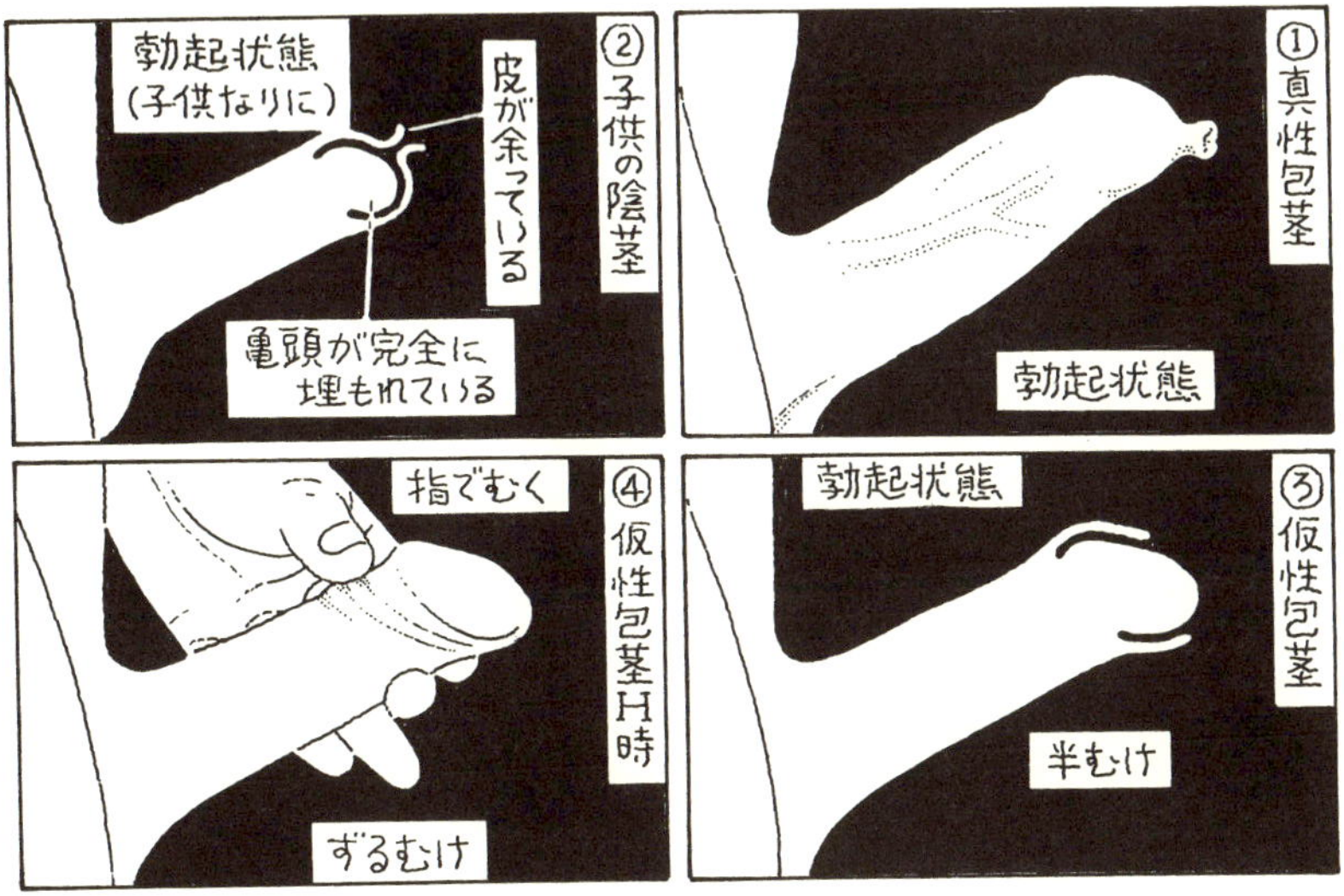
①真性包茎
勃起状態
②子供の陰茎
勃起状態
（子供なりに）
皮が余っている
亀頭が完全に
埋もれている
③仮性包茎
勃起状態
半むけ
④仮性包茎H時
指でむく
ずるむけ

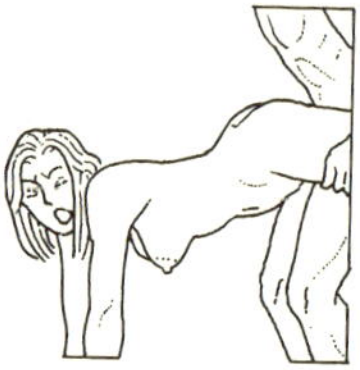

黒のランジェリーが好き過ぎて困ってます

東京都・みうらじゅん・52歳

Question

黒のランジェリー、レース入りでもシルクでもなく、ツルッとしてパシーンとしてるナイロン100%のブラとパンティが好き過ぎて困ってます。自ら買ってはいてた時期もあるくらい、タヌキの剥製にはかしてあってもグッとくる始末です。これはもう女性本体よりそっちの方を愛しているのでは？残りの人生どう誤魔化していけばいいのか教えてください。

Answer

みうらさんは偉い！　とても偉い人です。フェチいえフェティシズムとゆうものを良く理解し体感され実践しておられます。こうでなくてはならんのです、フェティシズムとゆうものは。マー今さら私が説明するのもおこがましいのですが、フェティシズムとは物を愛し執着する行為あるいは生きかたであります。でも最初はその物にナマミの女性のよすがを求めているのです。目的が女性で手段が物とゆう分かり易いスタンスから始まる。でもそのやりかたを続けていくうちに本末転倒とゆうか主従が逆転して女性そのものより物が欲しくなってしまうとゆうのがフェティシズムであります。

しかるにいつ頃からか「尻フェチ」とか「脚フェチ」とか不可解な言葉が大手を振って公道を闊歩《かっぽ》するようになりました。それはただ単なる肉体の中の部位の好みではないか。俺は尻が好きや、俺は脚が好きや、それだけのことではないか。どうしてそれがフェチなのか。もう女性の肉体は要らなくなったと言ってるのに何が尻フェチで脚フェチか。

なんて怒り続けてるわけでもないのですが、みうらさんのフェティシズムとして圧倒的に正しい御相談に触れてそおゆう間違った連中を思い出したのでした。これほどまでに正しいフェティシズムを実践できるとゆうのはみうらさんのコレクターとしての才能も関係してるのでしょうか。その徹底ぶりがフェティシズムにおいても到達すべき完成形に至ったのではないかと思われます。また、みうらさんはこれまでに多様かつ多量の女性を経験しておられそうですから「女性本体」に興味が薄らいできたとゆうこともあるかもしれません。

デパートの屋上にはペットショップや植木屋がありますよね。ペットショップの客は若い。年寄りになると植木屋へ行きます。もっと年寄りになると石を見に行くとか。年をとるにつれて興味が動かないものへと移るのです。石とかもう生きてない。あと何年かで還暦を迎えられるみうらさんが**ナマ物からブツへ移行**されることは、決して残りの人生を誤魔化すわけではないと思いますよ。

若
ナマモノ
老
カワキモノ

あとがき

私もマイナー漫画家ながら今までいろんな連載をしてきました。エッセイやらレポート系やらマーだいたいイラスト付きで、漫画もあります。でも長く続いたのでも5年くらいです。『ミーツ・リージョナル』に今も連載してる「ちょっとHの学校」は特別。いつ頃から始めたのか覚えてません。ただミーツの連載は最初からHの学校じゃなくてその前身がありました。

「巷のカップル」ていうんです。巷に実在する変なカップルや怪しげなのをイラスト付きで紹介するもので、これは編集部の方から提案があったんだと思います。面白いと安請け合いした後で、さてそんなカップルが簡単に転がってるものかと不安になったのは覚えています。ところがですよ。仕事で要るからと日常的に公道でも電車内でも居酒屋でも探してると、いるもんなんですね。しかもパッと見、そんなに変でなくてもずっと観察してるといろいろ変なものが見えてくる。これは2年ほど続きましたかね。

その後に相談を募るようになったのですが「巷のカップル」の後だけにタイトルも「巷のカップル相談室」。なんか適当でした。それに内容もHとゆうよりカップルの交際に関してとゆう感じです。それが2回目の相談で、彼のHが異常だと仰る女性に対する回答に当然の如く性交中の男女の図を描いてしまった。元エロ劇画家の私には特に猥褻でもないそのイラストもそれまでのミーツとはかなり雰囲気が違ったのでしょう。「エロ本ではないので…」という感じで編集長とスーツ着た方がわざわざ拙宅まで来られて修正を依頼されました。そんなふうにスタートした連載がこんなに続くとはその時は思いもよらぬことでした。

それがいつ頃だったかとゆうのが分からない。ただ震災より前だったことだけは確かです。H相談と震災にどおゆう関係があるかと思われるでしょうが、これがまたとんでもない話。Hの学校が始まってどれくらい経ってか、編集部の方から仕事が回ってきました。府とか市がやってる市民講座みたいなのあるでしょ。あれでHの学校をテーマに喋ってみないかとゆう話です。私は人前でそおゆうことできる人間じゃないのですが当時はまだ自分とゆうものが良く分かってませんでした。予め質問を二、三用意してもらってその場で答えると、マーそんなことならと軽く考えていました。梅田の駅前の小さなビルに教室があってそこで喋る。一九九五年一月二十日に。

その日の三日前に震災があったのです。新聞の一面の見出しでは毎日死者の数が増えていってます。テレビも当然震災のことばかり。絶望的な悲しみや怒りが阪神淡路を覆い尽くしていました。そんな時に私は「舐める」とか「しごく」とか言わなければならないのかと青ざめてしまったわけです。でも中止とか延期の連絡は入りません。仕方なく当日に教室へ行って係の人に「こんな状況でやるのですか？」と聞くと「はい」とあっさりした返事でした。まいったなあと思ってると、聴講に来た人に配ったとゆう資料を見せられてまた落ち込んだ。以前の連載の回答とイラストがコピーされてました。大きな段ボール箱の真ん中に小さな穴があって箱の中に入ってる裸の女が尻を突き出して性器を穴にあてているる。外の裸の男はその穴に自分の性器を挿入してるとゆう絵です。関西圏全体が悲嘆に暮れている時に。聴講者の顔は怒ってるように見えました。

ひさうちみちお

二〇一〇九月一日

※本書は『ミーツ・リージョナル』の連載「ひさうちせんせのちょっとHの学校」二〇〇一年十二月号〜二〇一〇年五月号から抜粋したものです。二〇四〜二一一頁は書き下ろしです。

ひさうちみちお

一九五一年京都市生まれ。一九七六年に『パースペクティブ・キッド』で漫画家デビュー。ロットリングを使った繊細かつエロティシズムあふれる作画は唯一無二。著書に『托卵』『精G』（共に青林工藝舎）ほか多数。俳優としても映画やCM等に出演する。月刊誌『ミーツ・リージョナル』にて「ひさうちせんせのちょっとHの学校」を現在も連載中。

ひさうちせんせの
Hの學校

2010年10月1日　初版発行
著者　ひさうちみちお
ブック・デザイン　坂 哲二（BANG! Design, inc.）

発行人 廣實留理
発行　株式会社 京阪神エルマガジン社
〒550-8575　大阪市西区江戸堀1-10-8
tel.06-6446-7716（編集）
tel.06-6446-7718（販売）
http://www.Lmagazine.jp

印刷・製本所　図書印刷株式会社

ISBN978-4-87435-334-9　C0095